Das Umzugs-Set

Maklervertrag
Umzugsauftrag
Verträge mit Handwerkern
Umzugscheckliste

Stiftung Warentest

Bettina Blaß

Inhalt

Sie können die Formulare auch kostenlos online ausfüllen. Den Link und einen QR-Code finden Sie auf Seite 101.

DER COUNTDOWN ZUM UMZUG

Mietvertrag unterschreiben

sofort

- Zeitplan erstellen
- Urlaub beantragen

3 Monate vorher

- Mietvertrag kündigen
- Kinder in neuer Kita/Schule anmelden
- Alte Kita kündigen
- Check: Müssen Sie Schönheitsreparaturen machen?
  Falls ja: Farbe und Werkzeug einkaufen
- Handwerker suchen
- Entrümpeln
- Mitgliedschaften kündigen

6 – 5 Wochen vorher

- Telefon/Internet beantragen bzw. ummelden
- Helfer oder Transportunternehmen suchen
- Umzugskartons besorgen
- Umzugslaster reservieren
- Termine Schlüsselübergaben absprechen
- Mietzahlungn an alten Vermieter stoppen
- Hotelzimmer für die letzte/erste Nacht buchen

3 Wochen vorher

- Halteverbotszonen beantragen und Schilder organisieren
- Eventuell Stromanbieter wechseln

2 Wochen vorher

- Kisten packen
- Stellplan zeichnen
- Eventuell Garten herrichten
- Für Kinder und Tiere Betreuung organisieren

4 Tage vorher

- Halteverbotszone einrichten
- Persönliche Dinge einpacken

2 – 1 Tage vorher

- Kühlschrank und Eisfach vorbereiten
- Waschmaschine vorbereiten
- Wasser für die Helfer besorgen
- Ausreichend Bargeld einpacken

SO GELINGT DER UMZUGSTAG

Alte Wohnung

- Mietlaster rechtzeitig abholen
- Umzugskisten kontrollieren
- Helfer organisieren
- Wohnung putzen
- Zählerstände notieren
- Haustiere füttern/Gassi gehen
- Namensschild entfernen

Neue Wohnung

- Plan aufhängen
- Zählerstände notieren
- Toilette ausstatten
- Glühbirnen aufhängen
- Snacks bereitstellen
- Notfallset bereitlegen

DIE ERSTEN WOCHEN IN DER NEUEN WOHNUNG

- Kinder eingewöhnen
- Hausratversicherung anpassen
- Kfz-Versicherung anpassen

- Eventuell Schönheitsreparaturen in der alten Wohnung
- Schlüsselübergabe alte Wohnung, falls noch nicht geschehen
- Auspacken und einräumen
- Sich und das Kfz/Motorrad ummelden
- Neue Adresse Behörden, Institutionen und Freunden mitteilen

- Belege fürs Finanzamt sortieren
- Rundfunkbeitrag ummelden
- Eventuell Stromanbieter wechseln

Kurzratgeber

Für die Suche nach der neuen Wohnung gibt es keine Standardlösung: Es kommt immer darauf an, welchen Bedarf man hat, wo man sucht – und selbstverständlich auch, wie viel Geld zur Verfügung steht. In diesem Kapitel steigen wir mit einem Kurzüberblick über die Antworten zu den ganz typischen Fragen ein, die sich ab dem Moment auftun, wo der Beschluss zum Umzug gefallen ist.

Antworten auf die 15 wichtigsten Fragen

Man könnte meinen, es sei so einfach: Man findet eine neue Wohnung, räumt seine sieben Sachen zusammen, transportiert sie dorthin – und das Leben geht wie gewohnt weiter. Nur eben an einem anderen Ort. Doch so ein Umzug hat es in sich: Er kann sehr aufwendig werden, wenn der Hausstand einer ganzen Familie transportiert werden muss, oder auch, wenn die neue Wohnung sehr weit weg ist. Auch rechtliche Fallstricke gibt es einige. Das zeigen schon die folgenden Fragen und Antworten.

Frage 1
Wie finden wir eine Wohnung?

Je enger der Wohnungsmarkt in einer Stadt oder Region ist, desto schwieriger wird es, eine freie Wohnung zu finden. In einem solchen Fall sollten Sie Ihr ganzes soziales Netzwerk um Hilfe bitten. Eventuell kommen Sie auch nicht darum herum, einen Makler für seine Hilfe zu bezahlen. Nutzen Sie gleichzeitig sämtliche Möglichkeiten, die Ihnen auf analogen und digitalen Wegen zur Verfügung stehen. Und beginnen Sie so früh wie möglich mit der Suche. Mehr dazu auf Seite 16.

Frage 2
Sollen wir kaufen oder mieten?

Die beiden großen Vorteile eines Immobilienkaufs: Erstens ist Ihre Kreditrate für die nächsten Jahre festgeschrieben, während Ihre Miete durchaus steigen kann. Zweitens leben Sie im Alter mietfrei – wenn bis dahin der Kredit abgezahlt ist. Noch sind die Zinsen so günstig, dass Sie darüber nachdenken können, eine Immobilie zu kaufen. Allerdings sind die Kaufpreise in vielen Städten enorm gestiegen. Falls Ihre Finanzierung über Jahrzehnte laufen würde und Sie trotz geringer Tilgung mit den Raten jetzt schon an Ihrem finanziellen Limit wären: Lassen Sie es besser bleiben. Denn wenn Sie in den ersten Jahren die Kreditsumme nicht deutlich abbauen, kommt das böse Erwachen möglicherweise am Ende der Zinsbindung, wenn Sie einen neuen Kreditvertrag abschließen müssen. Falls bis dahin die Zinsen gestiegen sind, werden sich Ihre Raten deutlich verteuern. Eventuell können Sie sich Ihre Immobilie dann einfach nicht mehr leisten. Also: Solange die Zinsen historisch niedrig sind, sollten Sie so viel wie möglich tilgen und auch Sonderzahlungen einplanen. Ein Anstieg der Zinsen bei der Anschlussfinanzierung kann für Sie dann kaum mehr zum existenziellen Risiko werden.

Frage 3
Was muss im Mietvertrag stehen?

Im Mietvertrag steht, wer Vermieter und wer Mieter ist. Außerdem wird die Wohnung benannt, um die es geht, und natürlich die Höhe der Miete, die monatlich vom Mieter auf das genannte Konto überwiesen werden muss.

Zusätzlich steht im Mietvertrag, ab wann er eigentlich gilt – und falls er befristet ist, steht schon das Ende der Vertragslaufzeit darin. Die Wohnungsgröße (Wohnfläche) sollte im Mietvertrag stehen, denn sie kann Grundlage zur Berechnung der Betriebskosten sein, also für Hausmeister, Versicherungen und Müllabfuhr zum Beispiel. Wie die Kosten für Heizung und Wasser berechnet werden, ist ebenfalls Bestandteil des Mietvertrags. In der Regel finden sich in einem Mietvertrag auch Informationen zur Höhe dieser Betriebskosten, zum Modus der jährlichen Abrechnung und zur eigentlichen Heizperiode. Dann gibt es für gewöhnlich noch einen Absatz zu Schönheitsreparaturen sowie zu Mängeln, und wie beide Parteien damit umgehen werden. Zusätzlich können die Themen bauliche Veränderungen und Einbauten im Mietvertrag geregelt werden. Dem Vertrag kann der Mieter auch entnehmen, ob er untervermieten darf, ob Tierhaltung erlaubt ist, und ob es Gemeinschaftseinrichtungen wie Waschmaschinen und Trockner gibt, die er benutzen kann. Zur Gartennutzung sowie zum Medienempfang (Kabel, Satellit, …) gibt es in aller Regel ebenfalls Informationen. Festgelegt sollte auch sein, unter welchen Umständen der Vermieter die Wohnung betreten darf und ob ein Energieausweis übergeben wurde. Natürlich muss auch geregelt werden, wie die Kündigung und der Auszug später einmal ablaufen sollen. Und sinnvollerweise gibt es auch einen Absatz zu der Frage, was eigentlich passiert, wenn dem Vermieter etwas zustößt.

Alle anderen Rechte und Pflichten aus einem Mietvertrag werden üblicherweise in der Hausordnung aufgelistet, die mit dem Mietvertrag übergeben wird. Übrigens kann ein Mietvertrag auch mündlich geschlossen werden, wovon wir abraten, sollte es um eine dauerhafte Vereinbarung gehen.

Frage 4
Was darf nicht im Mietvertrag stehen?

Die Liste der Dinge, die nicht in einem Mietvertrag stehen dürfen, dort aber schon in diversen Ausführungen gefunden wurden, ist wahrscheinlich unendlich lang. Darum ist es grundsätzlich besser, sich an dem zu orientieren, was dort geregelt werden darf – siehe Frage 3.

Trotzdem finden Sie hier einige Beispiele für das, was nicht in den Mietvertrag gehört: Wenn generell Tierhaltung oder Musizieren verboten wird, sind das unwirksame Klauseln. Wohl kann aber beispielsweise ein Hund in der Mietwohnung verboten werden, oder das Spielen eines bestimmten Instruments – zum Beispiel eines Schlagzeugs. Auch dürfen nicht generell alle Reparaturen in der Wohnung auf den Mieter abgeschoben werden – kleinere Reparaturen wie beispielsweise die eines tropfenden Wasserhahns allerdings schon.

Schönheitsreparaturen sind ebenfalls ein häufiges Streitthema. Wenn sie im Mietvertrag so festgehalten sind, dass der Mieter auf jeden Fall beim Auszug und auch sonst zu festen Terminen streichen muss, ist dieser Abschnitt ebenfalls unwirksam. Dann muss der Mieter gar keine Schönheitsreparaturen durchführen.

Es kann also sinnvoll sein, den Mietvertrag schon beim Einzug von einem Experten überprüfen zu lassen. Wenn eine Regel nicht wirksam ist, gilt übrigens, was im Gesetz steht, das üblicherweise mieterfreundlich ist. Problematischer sind Regelungen im Mietvertrag, die rechtlich wirksam sind. Unser Buch „Mieter-Set" hilft Ihnen dabei, Ihren Mietvertrag selbst auf Herz und Nieren zu prüfen. Auf Seite 34 finden Sie die wichtigsten Informationen auch hier kurz zusammengefasst.

Frage 5
Wann muss ich den alten Mietvertrag kündigen?

Üblicherweise muss der Mieter mit einem Vorlauf von drei Monaten kündigen. Dabei gilt, dass die Kündigung den Vermieter spätestens bis zum dritten Werktag eines Monats erreichen muss. Wer also zum 31. August ausziehen will, muss die Kündigung so verschicken, dass sie spätestens am 3. Juni beim Vermieter ist. Wer zum Jahresende ausziehen will, hat den Stichtag 4. Oktober, weil der 3. Oktober immer ein Feiertag ist. Beachten Sie, dass der Samstag rechtlich betrachtet als Werktag zählt.

Frage 6
Soll ich den Umzug selbst machen oder machen lassen?

Diese Frage lässt sich nicht pauschal beantworten. Wenn Sie viel Zeit haben und körperlich fit sind, können Sie einen Umzug gut selbst machen. Haben Sie keine Zeit und ausreichend Geld, bietet es sich an, den Umzug komplett von einem professionellen Unternehmen durchführen zu lassen. Zwischen „alles selbst machen" und „alles von einer Firma machen lassen" gibt es allerdings noch viele Abstufungen. So könnten Sie beispielsweise die Möbel selbst auseinander- und wieder zusammenbauen sowie Ihre Sachen selbst ein- und auspacken, damit die Umzugsfirma nur noch den Transport übernimmt. Oder Sie könnten bei der Wahl des Transportunternehmens auf studentische Arbeitskräfte zurückgreifen, um Geld zu sparen – das allerdings kann speziell im Haftungsbereich Konsequenzen haben, also dann, wenn beim Umzug etwas beschädigt wird. Ab Seite 75 erfahren Sie mehr zu diesem Thema.

Frage 7
Was muss ich beachten, wenn ich den Umzug selbst mache?

Grundsätzlich brauchen Sie in der heißen Phase des Umzugs ausreichend Zeit: Er lässt sich nicht irgendwie nebenher machen. Und ein Umzug benötigt immer mehr Zeit, als Sie zunächst eingeplant haben, weil irgendetwas nicht rund läuft; selbst dann nicht, wenn Sie ihn akribisch mit unserem Umzugs-Countdown ab Seite 123 geplant haben.

Der vielleicht wichtigste Tipp ist: Fangen Sie früh genug mit der Organisation an. Ab Seite 123 lesen Sie, was Sie wann angehen sollten.

Frage 8
Wie organisiere ich den Umzug, damit er stressfrei abläuft?

Wenn Sie ein gutes Umzugsunternehmen gefunden haben, dürfte der Umzug für Sie relativ stressfrei werden. Zwar müssen Sie sich nach wie vor um die Bürokratie kümmern, ausmisten, eventuell Schönheitsreparaturen durchführen, aber zumindest das Einpacken, der Transport und das Auspacken werden Ihnen abgenommen. Läuft alles optimal, schließen Sie gegen Mittag die alte Wohnung ab und fahren in ihr nahezu eingerichtetes neues Zuhause. Falls der Umzug mit einem Transportunternehmen für Sie nicht in Frage kommt, sollten Sie auf jeden Fall mit unserem Umzugsplaner ab Seite 123 den Wohnungswechsel organisieren und ausreichend Zeit einplanen.

Frage 9
Wie finde ich ein gutes Umzugsunternehmen?

Fragen Sie zunächst einmal Ihre Bekannten und Freunde, ob sie gute Erfahrungen gemacht haben und eine Empfehlung geben können. Dann suchen Sie im Internet nach einem Unternehmen. Werfen Sie einen Blick auf die Bewertungen, nehmen Sie sie aber nicht zu ernst. Auch ein Siegel muss keine Garantie für Qualität sein. Lassen Sie sich von zwei oder drei Umzugsunternehmen einen Kostenvoranschlag machen. Prüfen Sie ihn mithilfe der Checkliste auf Seite 74. Haben Sie alle Tipps beachtet, stehen die Chancen gut, dass der Umzug zu Ihrer Zufriedenheit ablaufen wird.

Frage 10
Was kostet ein Umzug mit Profis?

Das kann man leider nicht pauschal sagen. Es gibt verschiedene Kriterien, die dabei eine Rolle spielen. Beispielsweise die Lage der Wohnung: Leben Sie im 6. Stock ohne Aufzug und müssen im neuen Haus in den 5. Stock wieder ohne Aufzug ziehen, wird das teurer, als wenn das Unternehmen sich einen Teil des Schleppens sparen kann. Möglicherweise kann das Umzugsunternehmen einen Außenaufzug einsetzen, der jedoch auch den Preis beeinflusst.

Zusätzlich spielt die Entfernung zwischen den Orten eine Rolle: Wer eine längere Strecke zurücklegen muss, braucht mehr Zeit und Benzin – Sie müssen beides bezahlen. Grundsätzlich sind Umzüge in den Städten ebenfalls etwas teurer als auf dem Land. Umzugsexperten schätzen allerdings, dass man für einen professionellen Umzug durchaus mit den Kosten in der Höhe eines Nettogehalts rechnen muss. Dahinter steht auch die Annahme, dass ein Haushalt größer und möglicherweise hochwertiger ist, wenn den Bewohnern mehr Geld zur Verfügung steht. Je größer der Haushalt aber ist und je aufwendiger der Hausrat verpackt werden muss, desto teurer wird auch der Umzug werden.

Frage 11
Wie miste ich richtig aus?

Fragen Sie sich bei jedem Gegenstand, den Sie einpacken wollen, ob Sie ihn wirklich weiterhin benötigen oder ihn vielleicht nur aus emotionalen Gründen nicht weggeben wollen. Stellen Sie fest, dass Sie ein Kleidungsstück oder ein Küchenutensil seit einem guten Jahr nicht mehr in der Hand hatten und überdies sowieso vergessen hatten, dass Sie es besitzen, ist das ein gutes Zeichen dafür, es zu entsorgen. Grundsätzlich können Sie natürlich alles wegschmeißen, das geht schnell, ist aber oft Verschwendung. Manche Dinge lassen sich ohne Probleme zu Geld machen – beispielsweise auf Flohmärkten oder im Internet, siehe Seite 65. Falls Ihnen das zu aufwendig ist, können Sie besonders gut erhaltene Dinge möglicherweise auch verschenken. In einigen Städten gibt es beispielsweise Give-Boxen, in die man das hineinstellt, was man loswerden will. Oft findet sich so sehr schnell ein neuer Besitzer.

Frage 12
Was muss ich in der alten Wohnung noch machen?

Auf jeden Fall müssen Sie sie besenrein übergeben. Einmal durchputzen ist also eine gute Idee. Außerdem sollten Sie die Zählerstände für Strom, Wasser und eventuell Gas ablesen und mit Fotos dokumentieren. Ob Sie darüber hinaus noch Schönheitsreparaturen durchführen müssen, hängt im Wesentlichen davon ab, was in Ihrem Mietvertrag steht. Wenn Sie Glück haben, ist die Klausel dort nicht wirksam. Dann müssen Sie nichts weiter machen. Im schlechtesten Fall müssten Sie allerdings noch Wände, Türen und Heizungskörper streichen oder einen Maler damit beauftragen.

Frage 13
Worauf sollte ich bei der Übernahme der neuen Wohnung achten?

Schauen Sie sich jeden Raum genau an: Sind Stock- oder Schimmelflecken an den Wänden oder der Decke? Sind alle Fußleisten fest? Wie sehen die Türen speziell im unteren Bereich aus? Wie viele Fliesen haben Bohrlöcher? Testen Sie alle Steckdosen und alle Schlüssel, die Sie übergeben bekommen, und drücken Sie jede Toilettenspülung einmal. Funktionieren alle Wasserauslässe und die Heizung ordnungsgemäß? Achten Sie darauf, dass in das Übergabeprotokoll alle relevanten Mängel eingetragen werden und dass die Zahl der Schlüssel, die Sie bekommen, stimmt. Notieren Sie außerdem die Zählerstände. Falls es Mängel gibt, die behoben werden müssen, halten Sie fest, bis wann das passieren soll. Ein Übergabeprotokoll zum Herausnehmen finden Sie auf Seite 141. Auf Seite 40 finden Sie außerdem eine Ausfüllhilfe.

Frage 14
Was muss in den ersten Wochen in der neuen Wohnung organisiert werden?

Ganz wichtig ist, dass Sie in Deutschland nur zwei Wochen Zeit haben, um sich umzumelden. Sie müssen aber auch Ihre neue Anschrift dem Arbeitgeber, Banken und Versicherungen mitteilen. Falls Sie eine Hausrat- und eine Kfz-Versicherung haben, dürfen Sie nicht vergessen, ihnen den neuen Wohnort mitzuteilen. Das kann Auswirkungen auf Ihre Beitragshöhe haben. Außerdem müssen Sie Strom und eventuell Gas anmelden. Telefon und Internet haben Sie hoffentlich schon einige Wochen vorher angeleiert. Dann müssen Sie jetzt nur noch auf den großen Tag warten, dass der Dienstleister Sie auch entsprechend versorgt. Mit unserer Checkliste zur Benachrichtigung über Ihre Adressänderung auf Seite 113 werden Sie nichts vergessen.

Frage 15
Kann man den Umzug von der Steuer absetzen?

Hier heißt es rein rechtlich betrachtet wie eigentlich immer: Das kommt darauf an. Es lässt sich in der Tat sehr viel steuerlich absetzen – wenn der Umzug beruflich veranlasst ist. Falls Sie also eine neue Arbeitsstelle an einem anderen Ort haben und darum umziehen, sollten Sie alle anfallenden Belege sammeln. Wegschmeißen können Sie sie auch noch später. Aber selbst wenn Sie beim gleichen Arbeitgeber bleiben, kann ein Umzug beruflich veranlasst sein. Dann nämlich, wenn Sie näher an den Arbeitsort ziehen. Grundsätzlich gilt: Wer pro Tag eine Stunde Wegezeit spart, kann seine Kosten steuermindernd geltend machen. Es gibt sogar ein Urteil des Finanzgerichts Köln (Az. 3 K 3502/13), das bestätigt, dass es ausreichend ist, wenn man nach dem Umzug zu Fuß zur Arbeit gehen kann, selbst wenn man dadurch keine Stunde spart. Ausschlaggebend ist in diesem Fall die berufliche Veranlassung des Umzugs.

Wenn man die Umzugskosten ansetzen kann, so kommt eine ganze Menge zusammen: Natürlich können die Transportkosten angerechnet werden, aber beispielsweise auch Kosten für neue Gardinen oder für den Nachhilfeunterricht für die Kinder, der nötig ist, weil die Klasse am neuen Wohnort im Schulstoff schon weiter ist.

Ist der Umzug gesundheitlich bedingt, möglicherweise aufgrund einer neuen Behinderung, so kommt auch ein Abzug als „außergewöhnliche Belastungen" in Frage.

Wer nicht beruflich bedingt umzieht, kann zumindest die Kosten für ein Transportunternehmen steuerlich geltend machen. Haushaltsnahe Dienstleistungen werden bis zu 20 Prozent von 20 000 Euro (bis maximal 4 000 Euro) anerkannt. Dies gilt allerdings nur, wenn Sie auf Nachfrage eine Rechnung und einen Überweisungsbeleg vorweisen können. Also: Besser keine Barbezahlung am Umzugstag selbst vornehmen!

Vor dem Umzug

Grundsätzlich beginnt ein Umzug schon lange, bevor das Hab und Gut von der alten in die neue Wohnung transportiert wird. Gedanklich fängt er eigentlich schon damit an, dass Sie sich auf die Suche nach einer neuen Wohnung machen. Sobald Sie diese gefunden haben, beginnt die Uhr zu ticken, denn jetzt müssen Sie rechtzeitig die alte Wohnung kündigen, wenn Sie möglichst früh aus Ihrem Mietvertrag herauskommen wollen. In der Regel müssen Sie die Kündigungsfrist von drei Monaten vor Rückgabe der Wohnung einhalten. In diesem Kapitel geben wir Tipps, wie Sie die Zeit vor dem eigentlichen Umzug möglichst sinnvoll nutzen, um den Wohnungswechsel zeit- und nervensparend durchzuführen.

Bevor es ernst wird: Was genau suchen wir?

Stadt oder Land? Wohnung oder Haus? Kauf oder Miete? Größer oder kleiner? Diese Entscheidung kann Ihnen niemand abnehmen, denn die Wünsche für eine andere Wohnung sind so vielfältig wie das Leben selbst.

Abwägen und Prioritäten setzen

Wir möchten Ihnen hier Kriterien mitgeben, die Sie bei der Entscheidungsfindung unterstützen sollen.

Stadt: Die Vorteile der Stadt liegen auf der Hand. Hier gibt es alles, was fürs Leben wichtig ist. Supermarkt, Zahnarzt, Friseur, Schule, potenzielle Arbeitgeber und Grünanlagen sind meistens ausreichend vorhanden. Zusätzlich sind oft ein Schwimmbad, Fitnessstudio und Theater nicht weit entfernt. Häufig fahren außerdem Busse und Bahnen, sodass Sie nicht zwingend auf ein Auto angewiesen sind. Das Geld, das Sie so sparen, könnten Sie beispielsweise in die Miete oder die Rate stecken, denn Immobilien in der Stadt sind oft teurer als auf dem Land. Und damit sind wir schon bei den Nachteilen: Das Leben in der Stadt kostet mehr als auf dem Land. Wo viele Menschen wohnen, ist es außerdem lauter und voller. Meistens leben Städter auch anonymer.
Land: Die Nachteile der Stadt sind im Prinzip die Vorteile des Landes: Man kennt und unterstützt sich dort eher. Vereine sind auf dem Land eine gute Möglichkeit, um in die Gemeinschaft integriert zu werden. Außerdem ist auf dem Land der Weg in die freie Natur meistens kurz. Dafür müssen Sie oft länger fahren, wenn Sie in eine Oper wollen oder Lust auf eine Shoppingtour haben. Wahrscheinlich werden Sie also ein Auto benötigen, falls Sie bisher keines hatten. Vielleicht müssen Sie sogar ein zweites für den Partner oder die erwachsenen Kinder kaufen, denn Busse und Bahnen erreichen längst nicht alle Dörfer, oder zumindest nicht so oft, dass man damit den Alltag gestalten könnte. Dafür ist das Wohnen auf dem Land oft günstiger.

Wohnung: Ob man sich für eine Wohnung oder für ein Haus entscheidet, hängt von vielen Faktoren ab. In der Stadt sind Häuser in der Regel sehr viel teurer als auf dem Land. Wer also die Stadt bevorzugt, wird sich darum oft alleine wegen der Miete oder der Rate für eine Wohnung entscheiden. Die Wohnung ist auch dann passender, wenn man alleine, als Paar oder als kleine Familie einziehen möchte. Je mehr Familienmitglieder aber einziehen sollen, desto unwahrscheinlicher wird es, eine passende Wohnung zu finden. Wer sich für eine Wohnung entscheidet, muss sich allerdings darüber im Klaren sein, dass er sehr eng mit anderen Menschen zusammenwohnt: Die Party im Innenhof, das musizierende Kind in der Nachbarwohnung, der handwerklich begabte Nachbar, der jeden Samstag hämmert – alles das gehört dazu, wenn man sich für ein Leben im Mehrfamilienhaus entscheidet. Hinzu kommt: Nicht zu jeder Wohnung gehört ein Balkon oder eine Terrasse mit Garten. Als Eigentümer kommt außerdem dazu: Sie sind nie alleine Herr im Haus. Speziell, wenn es um große Maßnahmen geht, wie darum, das Haus streichen oder das Dach neu decken zu lassen, muss immer die Eigentümergemeinschaft entscheiden.

Haus: Das Haus ist gut geeignet für Familien, die viel Platz benötigen. Es gibt oft einen Speicher und einen Keller, in dem Platz genug ist für alles, was sich in einem Leben so ansammelt. Auch wer dort ein Gästezimmer oder ein Homeoffice einrichten will, ist mit einem Haus gut beraten. Viele Häuser haben auch einen Garten. Das kann Fluch und Segen gleichermaßen sein. Wer keine Lust hat, sich um die Grünflächen vor und hinter dem Haus zu kümmern, ist vielleicht besser in der Wohnung aufgehoben. Der große Nachteil eines Hauses: In der Regel kostet es mehr als eine Wohnung, und das kann sich nicht jeder überall in Deutschland leisten.

Kauf: Die Zinsen für den Kauf einer Immobilie sind Anfang 2019 zwar sehr günstig, dafür sind die Preise zumindest in einigen Regionen in Deutschland derzeit umso höher. Wer sich also für den Kauf einer Immobilie entscheidet, sollte zumindest 20 Prozent der Kauf- oder Baukosten sowie der Nebenkosten für den Erwerb gespart haben. Wichtig ist außerdem, dass die Tilgung so hoch ist, dass am Ende der Zinsbindungsfrist eine überschaubare Summe übrigbleibt. Denn ist die Restsumme sehr hoch, und sind bis dahin die Zinsen gestiegen, könnte es schwierig werden, die Immobilie vollständig abzubezahlen. Wer das allerdings schafft, lebt irgendwann deutlich günstiger als ein Mieter. Betriebskosten fallen dann zwar natürlich noch immer an, aber die Summe, die andere für die Kaltmiete zahlen, entfällt, wenn der Kredit abbezahlt ist.

Noch ein Punkt: Es ist toll, in der eigenen Immobilie tun und lassen zu können, was man möchte. Allerdings bedeutet das auch, dass Sie immer in der Verantwortung sind, egal ob der Wasserhahn tropft oder das Dach undicht ist. Falls Sie überlegen, eine Eigentumswohnung zu kaufen, müssen Sie sich darüber im Klaren sein, dass Sie mit der Eigentümergemeinschaft zurechtkommen müssen und es möglicherweise nicht immer so läuft, wie Sie sich das wünschen.

Miete: Wer zur Miete wohnt, ist flexibler. Die Kündigungsfrist für einen Mietvertrag beträgt drei Monate – außer, Sie haben sich auf einen Zeitmietvertrag eingelassen. Das heißt: Wenn Sie mit dem Vermieter oder der Hausgemeinschaft zu viele Probleme haben, sind Sie spätestens nach drei Monaten wieder weg. Das gilt auch, wenn sich plötzlich eine berufliche Option eröffnet, die nicht abzusehen war.

Mit einer gekauften Immobilie ist das schwieriger. Sie können sie zwar verkaufen, aber dazu benötigen Sie zunächst einen Käufer. Außerdem ist der Verkauf mit viel Bürokratie verbunden, besonders, wenn der Kredit noch läuft. Dafür müssen Sie als Mieter wegen jeder größeren Veränderung, die Sie in der Wohnung vornehmen wollen, Rücksprache mit dem Vermieter halten: Sie wollen Parkett statt Teppich? Dann müssen Sie gemeinsam eine Lösung finden. Auch wenn der vermietete Kühlschrank defekt ist oder die Heizung nicht funktioniert, müssen Sie sich an den Vermieter wenden. Das ist bequem, denn Sie sind nicht in der Verantwortung. Andererseits würde der Schaden eventuell schneller behoben, wenn Sie sich selbst darum kümmern könnten.

Wohnungsgröße: Die Größe der gesuchten Immobilie ist eine sehr individuelle Sache. Sicherlich hängt sie damit zusammen, wie viel Haus oder Wohnung man sich eigentlich leisten kann. Aber auch die Zahl der Familienmitglieder spielt eine Rolle. Wer Nachwuchs erwartet, wird sich vergrößern wollen, wer sich getrennt hat, braucht künftig möglicherweise weniger Platz.

Raumaufteilung: Lassen Sie sich nicht von der Quadratmeterzahl blenden! Eine große Wohnung kann schlecht geschnitten sein. Beispiel: Das Schlafzimmer hat 30 Quadratmeter, die Kinderzimmer nur 10 Quadratmeter. Das ist ungünstig, denn in der Regel benötigen Sie kein Schlafzimmer in dieser Größe, die Kinder aber durchaus mehr Platz. Oder: Die Wohnung hat 120 Quadratmeter, es gibt aber kaum Stellflächen, weil sie im Dachgeschoss liegt und Schrägen hat. Die Beispiele zeigen: Wichtiger als die Quadratmetergröße sind der Schnitt der Wohnung sowie die Zahl der Zimmer.

Auf Seite 103 können Sie Ihre Wunschwohnung beschreiben.

Notieren Sie auch in Ruhe die für Sie wichtigsten Kriterien für Ihre weiteren Ansprüche. Benutzen Sie dann das Formular, um Immobilienanzeigen mit Ihren Erwartungen abzugleichen.

→ S. 103

Ausfüllhilfe Die neue Wunschwohnung

Tragen Sie im oberen Teil der Checkliste ein, welche Räume Sie benötigen. Addieren Sie die Zahl, dann wissen Sie, wie viele Zimmer Ihre neue Wohnung haben sollte.
Im unteren Abschnitt halten Sie zusätzliche Faktoren fest, die Ihnen für die Wohnqualität wichtig sind. So finden Sie schnell heraus, worauf Sie bei der Suche nach einer neuen Wohnung achten sollten.

Falls Sie mehr als eine passende Wohnung gefunden haben, müssen Sie sich entscheiden. Das geht am besten, indem Sie die passenden Wohnungen miteinander vergleichen. Auf Seite 107 finden Sie eine Tabelle, um mehrere Wohnungen schnell miteinander zu vergleichen. Auf Seite 105 finden Sie außerdem eine Checkliste für die Lage. Sie können die mögliche neue Nachbarschaft auch schon vor einer Besichtigung der Wohnung mit einem Onlinekartendienst wie Google Maps genau inspizieren: Gibt es die Infrastruktur, die Sie sich wünschen? Gleichen Sie die virtuellen Ergebnisse mit der Realität ab, wenn Sie vor Ort sind.

→ S. 105

Ausfüllhilfe Infrastruktur

Falls mehrere Wohnungen in Frage kommen, können Sie mit dieser Tabelle vergleichen, welche besser zu Ihnen passt: Tragen Sie einfach die Entfernung in Kilometern zu den genannten Orten ein. Im unteren Teil der Tabelle können Sie außerdem Orte ergänzen, die für Sie wichtig sind, die aber in der Übersicht noch fehlen.

→ S. 107

Ausfüllhilfe Welche Wohnung soll es werden?

Bewerten Sie die Zimmer, die Ausstattung und Lage nach dem Schulnotenprinzip von 1 (beste Note) bis 6 (schlechteste Note). Errechnen Sie am Ende eine Durchschnittsnote, indem Sie alle Noten addieren und dann durch die Zahl der ausgefüllten Zeilen pro Wohnung teilen. Welche Wohnung schneidet am besten ab?
Zusätzlich können Sie unten in der Tabelle die anfallenden Kosten eintragen. Addieren Sie sie, um zu sehen, welche der Wohnungen Sie am günstigsten und welche am teuersten kommt.

Was wird das alles kosten?

„Dreimal umgezogen ist wie einmal abgebrannt", heißt es. Oder in anderen Worten: Ein Umzug ist teuer, und zwar grundsätzlich noch teurer als erwartet. Selbst wenn man sich noch so viele Gedanken um die entstehenden Kosten macht: Es werden im Laufe der Zeit immer noch Ausgaben hinzukommen, die man nicht im Blick hatte.

Grundsätzlich kann man beim Umzug sparen, wenn man viel Zeit hat. Denn dann muss man nicht selbst eine Anzeige schalten oder einen Makler beauftragen, sondern lässt sich passende Angebote von entsprechenden Internetportalen (siehe Seite 30) zuschicken. Irgendwann wird es dann vielleicht schon einmal passen.

Wer Zeit hat, packt auch die Umzugskisten selbst, fährt im Mietlaster den Haushalt von der alten in die neue Wohnung und streicht beide Wohnungen selbst, falls das notwendig sein sollte. Wer nicht ganz so viel Zeit hat, muss oft tief in die Tasche greifen – und das vor, während und nach dem Umzug. Um zu überschlagen, was Ihr Umzug Sie kosten wird, nutzen Sie die Tabelle auf Seite 109.

→ S. 109

Ausfüllhilfe Was wird der Umzug kosten?

Tragen Sie die Kosten in die Tabelle ein, sobald Sie abschätzen können, mit welchen Ausgaben Sie rechnen müssen. Manchmal wird die Summe nicht sofort fällig, sondern muss zu einem bestimmten Datum überwiesen werden. Wenn Sie dieses Datum in die zweite Spalte der Tabelle eintragen, haben Sie immer im Blick, welche Posten noch offen sind. Machen Sie in die dritte Spalte ein Kreuzchen, oder noch besser: Tragen Sie das Datum ein, sobald Sie die offene Rechnung bezahlt haben.

Kosten der Wohnungssuche

Eine neue Wohnung zu finden, kommt in einigen Regionen einem Sechser im Lotto gleich. Je schwieriger die Wohnsituation in Ihrer Stadt ist, und je dringender der Umzug nötig wird, desto eher sollten Sie alle möglichen Kanäle nutzen, um neuen Wohnraum zu finden. Unterschätzen Sie dabei nicht Ihr soziales Netzwerk: Sagen Sie der Familie, Freunden, Bekannten und Arbeitskollegen, dass Sie auf der Suche nach einer anderen Wohnung sind. Vielleicht denkt der eine oder die andere an Sie, wenn er oder sie von einer frei werdenden Wohnung hört. Wenn Sie bei Facebook, Twitter oder in einem anderen sozialen Netzwerk Mitglied sind, können Sie sich auch dort umhören. Fragen kostet schließlich nichts.

Das ändert sich, wenn Sie eine Anzeige schalten, beispielsweise ganz altmodisch in der Zeitung. Erkundigen Sie sich bei der Lokalzeitung des Ortes, in den Sie ziehen, was dort eine Annonce kostet. Bei vielen Zeitungen können Sie Ihr Gesuch bereits online aufgeben. Oft ist allerdings auf den ersten Blick nicht ersichtlich, was Sie eine solche Anzeige kosten wird. Darum kann es sinnvoll sein, zunächst telefonisch nachzufragen. Andere Zeitungen geben einen Grundpreis pro Zeile vor. Je mehr Sie schreiben, desto teurer wird dementsprechend die Anzeige. Alternativ speichern Sie Ihre Suche auf einem der Immobilienportale im Internet (siehe Seite 30). Wenn Sie sich auf einer der

Plattformen registrieren, bekommen Sie jedes Mal eine E-Mail, wenn ein Angebot eingestellt wird, das zu Ihren Kriterien passt. Auf Immowelt.de beispielsweise können Sie auch als Suchender eine Anzeige schalten. Sie endet nach einem Monat automatisch und kostet 14,90 Euro (Stand 12/2018).

Was gilt, wenn Sie einen Makler beauftragen?

Deutlich teurer wird es, wenn Sie einen Makler beauftragen. Seit 2015 gilt bei Vermietungen das Bestellerprinzip. Das regelt, dass derjenige den Makler bezahlen muss, der ihn beauftragt. Hat also ein Vermieter den Makler beauftragt, einen Mieter zu finden, und hat dieser ein Inserat geschaltet, auf das Sie antworten, müssen Sie nichts bezahlen – außer der Vermieter versucht, die Kosten auf Sie abzuwälzen (siehe rechts „Wie Makler versuchen, ...").

Wenn Sie aber einen Makler beauftragen, für Sie eine Wohnung zu finden, dann müssen Sie ihn bezahlen, wenn durch seine Vermittlung ein Mietvertrag zustande kommt und er die Wohnung nicht sowieso schon im Bestand hatte. Für die Vermittlung von öffentlich gefördertem Wohnraum darf allerdings gar keine Provision verlangt werden.

Für alle anderen Wohnungen gilt, dass die Maklerprovision bei Vermietung maximal zwei Nettokaltmieten plus Mehrwertsteuer betragen darf. Für Makler ist diese Vorgehensweise häufig nicht lukrativ. Darum ist es eher unüblich, dass Mieter über einen Makler nach einer Wohnung suchen.

Wie Makler versuchen, Mieter über den Tisch zu ziehen

Seit das Bestellerprinzip gilt, muss derjenige die Maklercourtage bezahlen, der den Makler beauftragt hat. Im Regelfall ist das der Vermieter. Der allerdings überlegt sich seither genau, ob er einen Makler beauftragt oder doch lieber selbst nach einem Mieter sucht. In manchen Regionen ist das sehr einfach. In anderen eben nicht.

Ist der Vermieter auf einen Makler angewiesen, kann er versuchen, mit ihm wegen der Höhe der Courtage zu verhandeln. Das gefällt den Maklern natürlich nicht, darum sind einige findig, wenn es darum geht, die Kosten für ihre Arbeit weiterhin dem Mieter aufs Auge zu drücken und dadurch den Vermieter zu entlasten. Diese Tricks sind bekannt:

→ Der neue Mieter soll Abstand bezahlen für Möbel, die ihm überlassen werden. Dabei wird die Höhe des Abstands deutlich jenseits vom Wert der Einrichtung festgesetzt, um so einen Teil des Geldes, das der Vermieter dem Makler zahlen muss, wieder hereinzuholen. Mehr zum Thema Abstand auf Seite 37.

→ Die Miete wird erhöht. Mit einem zeitlich befristeten Vertrag lässt sich leichter ausrechnen, wann sich die Courtage über die teurere Miete amortisiert hat. Außerdem kann die Miete mit zeitlich befristeten Verträgen leichter erneut angepasst werden. Allerdings gilt in einigen Städten die Mietpreisbremse. Darum sollte man überprüfen, ob die verlangte Miete zehn Prozent über der ortsüblichen Vergleichsmiete liegt. Ist das der Fall, lohnt es sich auch, den Vormieter zu kontaktieren. Denn tatsächlich darf der Vermieter so viel verlangen, wenn er schon mit dem Vormieter bei der Miete über der Vergleichsmiete lag.

- Wohnungssuchende sollen bei der Besichtigung einer Wohnung einen Vertrag unterschreiben, aus dem hervorgeht, dass sie den Makler beauftragt haben. So müssen sie die Courtage bezahlen. Das ist zwar gefährlich, denn wenn der Schmu auffliegt, wird es für den Makler teuer. Allerdings kennen längst nicht alle Mieter ihre Rechte, und je angespannter der Markt ist, desto weniger wird sich jemand beschweren, der eine Wohnung gefunden hat. Einer solchen Forderung kann ein Makler auch Nachdruck verleihen, indem er darauf hinweist, dass es noch weitere Bewerber gibt.
- Makler inserieren eine Wohnung, die es gar nicht gibt. Wenn sich Bewerber melden, (er)finden sie eine Ausrede, schlagen stattdessen aber vor, für diese nach einem ähnlichen Objekt zu suchen. Das ist dann ein Auftrag, und falls ein Vertrag unterschrieben wird, bekommt der Makler Geld.
- Makler dürfen vom Suchenden keine Provision verlangen, wenn sie eine Wohnung vermitteln, die sie schon im Portfolio hatten. Allerdings kann man eine Anzeige auch im Internet so gut verstecken, dass der Suchende sie erst mit Hilfe des Maklers findet. Dann fließt möglicherweise zweimal Courtage, weil der Suchende zahlt und derjenige, der die Wohnung anbietet.

Das sieht ganz anders aus, wenn Sie als Eigentümer auf Wohnungssuche sind.

Einen förmlichen Makler-Suchauftrag können Sie kostenlos bei **www.test.de/immobilienset** im PDF (S. 105) runterladen.

Füllen Sie im Auftrag aus, wo die Immobilie liegen soll, wie groß sie sein und was sie kosten soll. Ergänzen Sie Ausstattungsmerkmale, die Ihnen wichtig sind. Geben Sie an, welche Internetbörsen Sie selbst regelmäßig durchforsten, und falls das auf Sie zutrifft auch, welche Baugebiete für Sie nicht interessant sind.

UNSER RAT

Verhandeln Sie!

Sie können versuchen, mit dem Makler zu verhandeln. Bieten Sie beispielsweise an, die Courtage in bar zum Notartermin mitzubringen, dafür erlässt er Ihnen eine bestimmte Summe. Selbstverständlich sollten Sie trotz der Barbezahlung auf eine ordentliche Rechnung bestehen. Und lassen Sie sich quittieren, dass Sie die Summe bezahlt haben.

Falls Sie Interesse an Immobilien aus Zwangsversteigerungen haben, sollten Sie das angeben. Vergessen Sie nicht, Ihren Auftrag zu unterschreiben und das aktuelle Datum zu ergänzen.

Falls Sie eine Wohnung zum Kauf suchen, werden Sie sehr wahrscheinlich zumindest einen Teil der Maklerkosten übernehmen müssen. Im Süden und Westen Deutschlands ist es üblich, dass sich Käufer und Verkäufer die Provision teilen, im Norden und Osten zahlt meistens der Käufer alleine. Aber es kommt auch auf die Lage an: In Regionen, in denen es sehr schwierig ist, eine Wohnung zu finden, wird der Suchende vermutlich freiwillig die gesamte Courtage übernehmen.

Die Höhe der Provision ist nicht abhängig vom Aufwand des Maklers, sondern richtet sich beim Hauskauf nach dem Preis der Immobilie. Also: je teurer die Wohnung oder das Haus, desto höher ist die Maklercourtage. Allerdings gibt es von Bundesland zu Bundesland große Unterschiede beim üblichen Satz für die Provision. Sie reicht von etwa 5 bis zu 7,14 Prozent. In einigen Bundesländern ist es üblich, dass sich Käufer und Verkäufer die 7,14 Prozent teilen. Dann zahlt jede Partei also 3,57 Prozent.

Beispiele: Was kostet mich die Maklerprovision beim Kauf?

Nehmen wir an, Sie kaufen eine Immobilie für 250 000 Euro. Dann müssen Sie mit dieser Summe inklusive Mehrwertsteuer rechnen …

- → in Berlin: 7,14 % Maklerprovision = 17 850 Euro
- → in Hamburg: 6,25 % Maklerprovision = 15 625 Euro
- → in Hessen: 6,95 % Maklerprovision = 14 875 Euro
- → im Saarland: 7,14 % Maklerprovision : 2 = 8 925 Euro

Der Makler muss übrigens dem Auftraggeber seine Tätigkeit auf Wunsch nachweisen können, allerdings kann niemand kontrollieren, was und wie viel davon er tatsächlich gemacht hat.

UNSER RAT

Günstiger umziehen

Ab dem 25. eines Monats können Umzüge teurer sein, weil dann alle umziehen wollen. Auch im Juli und August können die Preise höher sein, weil viele in den Sommerferien umziehen, um die Kinder nicht im Schuljahr aus der Klasse zu reißen. Wenn Sie nicht aufs Wochenende angewiesen sind, sondern während der Werktage umziehen können, sparen Sie eventuell dadurch.

Mit wie vielen Kartons muss ich rechnen? Und wie viel Stauraum benötige ich?

Wohnungsgröße in Quadratmeter	Umzugskisten	Stauraum in Kubikmeter (mindestens)
60	60–90	45
75	75–112	56
90	90–135	68
120	120–180	90
140	140–210	105

Kosten für den eigentlichen Umzug

Ein dicker Brocken beim Umzug ist der Transport des Hausstands von A nach B. Allerdings hat man an diesem Posten auch einige Stellschrauben. Besonders teuer wird es, wenn das Umzugsunternehmen alles für Sie erledigt, also die Dinge in Ihrer Wohnung aus den Schränken nimmt und einpackt, Möbel abbaut, Umzugskisten stellt, die Kisten in einen Transporter schleppt und in der neuen Wohnung das Ganze noch einmal andersrum macht. Sie können schon deutlich Kosten sparen, wenn Sie selbst einpacken und Möbel abbauen, das Umzugsunternehmen also nur den Transport an sich übernimmt.

Die kleine Tabelle links kann nur eine grobe Übersicht darstellen. Sie leitet sich aus den Zahlen im Interview mit Dierk Hochgesang (rechts) ab. Bitte rechnen Sie selbst nochmals nach – eine Rechenhilfe finden Sie auf Seite 115.

Welche Variante für Sie besser geeignet ist, hängt aber nicht nur vom Geld ab. Beispiel: Sie ziehen von München nach Berlin, müssen also eine Strecke von etwa 600 Kilometern überbrücken. Bei einer solchen Distanz muss alles auf Anhieb klappen. Und wenn der Umzug an einem Tag geschafft werden soll, müssen Sie morgens sehr früh anfangen, um abends bereits in der neuen Wohnung schlafen zu können. Hier ist ein Umzugsunternehmen ausgesprochen hilfreich. Der Preis für eine Firma, die den Umzug macht, unterscheidet sich von Region zu Region und ist abhängig von der Wohnung, deren Lage und dem Mobiliar.

INTERVIEW

Angebote für den Möbeltransport vergleichen

Gerade wenn man bei Transportfirmen ein Angebot einholen will, muss man möglichst genaue Angaben machen können, um stimmige Angebote zu bekommen und um diese vernünftig vergleichen zu können.

Dierk Hochgesang, Geschäftsführer beim Bundesverband Möbelspedition und Logistik (AMÖ) hat auf diese Fragen Antworten. Die AMÖ vertritt rund 900 Mitgliedsunternehmen in 18 Landesverbänden und vergibt an diejenigen, die sich auf die Einhaltung bestimmter Standards verpflichten, das Zertifikat „anerkannter AMÖ-Fachbetrieb". Die Unternehmen, die das AMÖ-Zertifikat erhalten haben, sind auf www.umzug.org zu finden.

Die Wahl des richtigen Transporters, die Zahl der benötigten Kartons – für den Laien ist das gar nicht so einfach einzuschätzen. Gibt es Faustregeln?

Dierk Hochgesang: Ein guter Anhaltswert ist ein Umzugskarton pro Quadratmeter Wohnfläche. Wer besonders viele Möbel oder Einrichtungsgegenstände hat, rechnet besser mit 1,5 Kartons oder sogar mehr. Für Kellerräume und Dachböden sollte man bis zu drei Kartons pro Quadratmeter einplanen.

Für das Transportvolumen gilt, dass man für den Selbstumzug die Wohnungsgröße bei normaler Möblierung mindestens mit dem Faktor 0,75 multiplizieren sollte, demnach braucht man für eine 75-Quadratmeter-Wohnung etwa 56 Kubikmeter Stauraum. Das entspricht etwa zwei Fahrten mit einem 7,5-Tonnen-Fahrzeug oder drei bis vier Fahrten, falls der beliebte 3,5-Tonnen-Kastenwagen eingesetzt wird.

Wovon hängt ab, wie ein Umzugsunternehmen sein Angebot kalkuliert?

Dierk Hochgesang: Der Stundenaufwand des Umzugsunternehmens lässt sich nicht pauschal beziffern, sondern bemisst sich am individuellen Auftrag: Soll es das Umzugsgut auch ein- und/oder auspacken? Müssen Möbel ab- und aufgebaut werden, sollen Anschlussarbeiten in der Küche vorgenommen oder Lampen und Bilder aufgehängt werden? In welcher Etage liegt die Wohnung, und wie einfach lässt sich mit nicht demontierbaren Möbeln durchs Treppenhaus manövrieren? Lohnt der Einsatz eines Außenaufzugs? Wo kann das Umzugsfahrzeug parken? Das sind wichtige Kriterien, die ein Umzugsprofi vor Ort mit dem Kunden klärt und dann in sein Angebot einfließen lässt.

Man hört auch von schwarzen Schafen in der Branche. Wie erkennt man sie?

Dierk Hochgesang: Sie sollten stutzig werden, wenn der Anbieter nur per Handy oder E-Mail erreichbar ist, wenn Angebote ohne Mehrwertsteuer geschrieben werden, und wenn es eine Selbstbeteiligung bei Schäden oder der Haftung gibt. Außerdem sind Rabattgutscheine eher ungewöhnlich oder Sonderangebote wie ‚4 Mann, 1 Lkw, 8 Stunden – für 320 Euro'. Nicht seriös sind auch Pauschalangebote, in denen gleichzeitig ‚nach Aufwand' abgerechnet wird. Horrende Aufschläge für Mehrstunden oder Aufzuggestellung sind ebenfalls nicht seriös, genau so wenig pauschale Zuschläge für die Möbelmontage oder den Pflanzentransport.

Im Formularteil finden Sie eine Tabelle, um Angebote von Umzugsunternehmen auf gemeinsamer Basis zu vergleichen (Seite 127). Dort gibt es auch ausführlichere Informationen zum Umzug mit einem Transportunternehmen.

Sonderfall: Relocation Service Agentur

Super bequem ist der Umzug mit einer sogenannten Relocation Service Agentur. Diese suchen für ihre Auftraggeber eine Wohnung, checken den Mietvertrag, organisieren den Umzug, melden den Kunden um, kümmern sich um Kindergarten- oder Schulplätze für die Kinder und bieten Orientierungstage in der neuen Stadt. Wer ein solches Komplettpaket in Anspruch nimmt, zahlt mehrere tausend Euro dafür. Die Agenturen werden darum meistens von großen Unternehmen beauftragt, die mehrere Mitarbeiter von einem Standort zum nächsten verlagern. Auch wenn Mitarbeiter aus anderen Ländern als sogenannte Expats einfliegen, bekommen sie oft Hilfe von einer solchen Agentur. Für den Umzug von Otto Normalverbraucher bietet sich die Relocation Service Agentur nicht an.

Wer dagegen innerhalb eines Ortes umzieht, kann den Umzug auch alleine oder mit Freunden schaffen. Dann muss der Mietlaster auch nicht perfekt gepackt sein, denn Sie können mehrmals fahren. Aber Achtung: Wer einen Wagen leiht, zahlt unter Umständen pro gefahrenem Kilometer. Außerdem verbraucht man natürlich mehr Benzin, wenn man häufiger hin und her fährt. Bei mehreren Fahrten wird der Umzug also teurer als geplant. Ziehen Sie mit der Hilfe von Freunden und Bekannten um, müssen Sie diese außerdem versorgen: Rechnen Sie mindestens zwei Flaschen Wasser pro Person und einer Mahlzeit, die Sie liefern lassen. Außerdem sollten Sie, wenn der Umzug geschafft ist, alle Ihre Helfer zu einer großen Einweihungsparty einladen.

Wie sinnvoll sind Beiladungen?

Wer größere und sperrige Gegenstände wie beispielsweise ein Klavier hat, kann diese auch per Beiladung verschicken. Dabei nehmen große Speditionen einzelne Möbel in eine geplante Fahrt auf. Der Kunde zahlt im Prinzip nur die Fracht. Der Preis ist abhängig von der Entfernung, dem benötigten Platz und dem Termin. Unter Umständen kommen dann aber nicht alle Möbel auf einmal an. Für die Strecke Köln – Berlin könnte man beispielsweise eine Europalette ab rund 60 Euro verschicken. Allerdings wird kein Frachtunternehmen eine pauschale Antwort geben, ohne die Maße der entsprechenden Fracht zu kennen. Darum müssen Sie sich jeweils ein individuelles Angebot schicken lassen. Dabei wird zum Beispiel auch gefragt, in welches Stockwerk geliefert werden soll und ob es einen Aufzug gibt. Sie sollten sich außerdem nicht unbedingt auf das günstigste Angebot fokussieren. Im Fall der 60 Euro für die Fahrt von Köln nach Berlin können zum Beispiel 3 Euro an Versicherung dazukommen, 8 Euro, wenn die Spedition die Lieferung terminieren soll, und 25 Euro für eine Tauschpalette. Diese Kosten können bei anderen Anbietern bereits enthalten sein. Ein genauer Vergleich lohnt sich also.

Kosten für Schönheitsreparaturen

Eigentlich sind Schönheitsreparaturen Sache des Vermieters. Das hat der Bundesgerichtshof 2015 so festgelegt. Allerdings ist es rechtlich zulässig, wenn Vermieter diese Arbeiten auf die Mieter abwälzen – auch über Klauseln im Mietvertrag (siehe dazu auch ab Seite 59).

Sollten Sie verpflichtet sein, Schönheitsreparaturen selbst durchzuführen, haben Sie wieder zwei Möglichkeiten: Sie lassen einen Maler die Wände, Heizkörper, Fenster und Türen streichen – oder Sie streichen selbst. Wenn Sie selbst streichen, sparen Sie natürlich das Geld für den Maler. Andererseits benötigen Sie dann mehr Zeit. Zusätzlich müssen Sie im Baumarkt einen Großeinkauf machen. Und das kann auch ziemlich teuer werden. Sie brauchen Farbe, Pinsel, Klebeband, ausreichend Abdeckfolie für den Boden und Pinselreiniger. Falls Sie viele Löcher gebohrt haben, benötigen Sie Spachtelmasse und einen Spachtel. Die Preise variieren von Markt zu Markt und sind auch abhängig von den Marken, die Sie kaufen. Mit den Preisen in der Tabelle „Einkaufsliste für die Renovierung" auf Seite 137 sollten Sie schon rechnen.

Wenn Sie mit den Arbeiten Malerbetriebe beauftragen wollen, müssen Sie besonders auf folgende Punkte achten:

Was genau ist zu streichen? Wände, Decken, Böden, Türen, Fensterrahmen und Heizkörper? Mit welchen Flächen ist zu kalkulieren (siehe Arbeitsblatt „Wieviel Wandfarbe ...?" auf Seite139)?

In welchem Zeitraum genau sind die Arbeiten zu leisten? Und was kostet das alles zusammen (Lohn- und Materialkosten, Gesamtpreis zuzüglich Umsatzsteuer)?

Mehr Informationen zum Thema Schönheitsreparaturen lesen Sie auf Seite 59.

UNSER RAT

Geteilte Leerstandskosten

Sobald ein Nachmieter für Ihre alte Wohnung gefunden wurde, sollten Sie ihn fragen, ob er vielleicht vor dem offiziellen Beginn seines Mietvertrags die Wohnung übernehmen möchte. Sind der Vermieter und der Nachmieter damit einverstanden, können Sie sich für diese Zeit die Miete zeitlich aufteilen. Dazu teilen Sie die Mietsumme inklusive Nebenkosten durch 30 beziehungsweise 31 Tage und multiplizieren dieses Ergebnis mit der Zahl der Tage, die der Nachmieter die Wohnung nutzt, bevor sein Mietvertrag läuft.

Doppelte Miete und Kaution

Bei der Kündigung der Mietwohnung sind Sie an Fristen gebunden. Wenn Sie den Mietvertrag ordentlich kündigen, müssen Sie das mit drei Monaten Vorlauf machen. Lesen Sie ab Seite 56 mehr darüber, wie Sie richtig kündigen.

Die alte Wohnung zu kündigen, ohne für die neue schon einen Mietvertrag unterschrieben zu haben, das ist in vielen Regionen wie ein Sprung in die Tiefe, ohne gesichert zu sein. Denn der Wohnungsmarkt ist in vielen Städten so angespannt, dass es leicht länger als drei Monate dauern kann, bis Sie die passende Immobilie gefunden haben. Im Zweifelsfall bedeutet das jedoch, dass Sie erst dann kündigen können, wenn Sie einen neuen Mietvertrag unterschrieben haben oder in die eigene Immobilie ziehen können, wenn Sie im Notfall nicht ohne gültigen Mietvertrag dastehen wollen.

Dabei ist der Übergang selten nahtlos. Oft haben Mieter dann für einen oder zwei Monate zwei Mietverträge gleichzeitig und müssen dementsprechend doppelt bezahlen. Das kann sehr teuer werden. Sie können sich diese Doppelbelastung aber auch mit Ihren Nachmietern teilen, wenn diese dafür früher einziehen dürfen. Ein Beispiel soll das verdeutlichen.

Beispielsrechnung anteilige Miete: Sie zahlen jeden Monat 650 Euro Miete inklusive der Kosten für Heizung und Wasser. Ihr Mietvertrag endet am 31. August, Ihr Nachmieter würde gerne früher die Wohnung übernehmen. Dann teilen Sie zunächst die 650 Euro durch 31 Tage = 20,97 Euro/Tag. Ihr Umzug inklusive Vorbereitung für die Übergabe wird am 16. August abgeschlossen sein, der Nachmieter kann also ab diesem Tag Ihre alte Wohnung nutzen. Also rechnen Sie 20,97 Euro/Tag x die verbleibenden 16 Tage = 335,52 Euro. Die sollte der Nachmieter Ihnen überweisen oder in bar zur Schlüsselübergabe mitbringen.

Mit der Kaution verhält es sich ähnlich: Für die alte Wohnung haben Sie das Geld vermutlich noch nicht zurück, für die neue müssen Sie aber schon eine Sicherheit hinterlegen. Die Kaution darf nicht mehr als drei Monatsmieten (Kaltmiete ohne Betriebskosten) betragen. Hat Ihre alte Wohnung 800 Euro kalt gekostet, haben Sie dafür also bis zu 2400 Euro Kaution hinterlegt. Die neue Wohnung ist teurer, Sie bezahlen künftig 920 Euro kalt.

Dementsprechend müssen Sie jetzt 2760 Euro als Sicherheit hinterlegen, obwohl Sie die alte Kaution noch gar nicht zurück haben. Die Kaution muss aber nicht auf einmal bezahlt werden, Sie können die in drei aufeinander folgenden Monatsraten überweisen. Mehr Informationen zur Kaution finden Sie auf Seite 37.

Abstand oder Ablösesumme

Zwei Begriffe tauchen im Zusammenhang mit einem Wohnungswechsel häufig auf, die gerne verwechselt werden: Abstand und Ablösesumme.

Abstand würde der Nachmieter dem Vormieter oder dem Vermieter dafür bezahlen, dass dieser die Wohnung frei macht. Eine solche Vereinbarung ist jedoch unwirksam und muss dementsprechend vom neuen Mieter nicht ausbezahlt werden. Allerdings lassen sich viele Wohnungssuchende auf solche Forderungen ein, wenn der Wohnungsmarkt sehr eng ist.

Was aber nicht gegen das Gesetz verstößt, ist, wenn der Vormieter sich vom Nachmieter den Umzug bezahlen lässt, damit die Wohnung schneller frei wird. Dann darf der Vormieter jedoch nur die Kosten verlangen, die tatsächlich entstanden sind.

Eine Ablösesumme hingegen wird oft verlangt für die Übernahme von Einrichtungsgegenständen wie Einbauküche, eine hochwertige Badezimmerausstattung oder den Laminatboden – eben für Dinge, die der Mieter einst bezahlt hat, jetzt aber nicht in die neue Wohnung mitnehmen kann. Der Preis für eine solche Ablöse darf nicht mehr als 50 Prozent über dem Zeitwert des Gegenstands liegen.

Dabei richtet sich der Zeitwert grundsätzlich nach Neupreis, Alter und Erhaltungszustand des Gegenstands oder Möbelstücks. Bei Einbauten, zum Beispiel die Einbauküche mit Geräten, gilt nicht nur der reine Einkaufspreis der Küche, sondern der Wert der Maßanfertigung, also der Wert der Möbel und Geräte plus die Schreinerleistungen und weiteren Kosten.

Grundsätzlich sollten Sie eine Ablösesumme nur dann zahlen, wenn vertraglich schriftlich dokumentiert wird, welche Gegenstände Sie zu welchem Preis übernommen haben. Stellt sich nämlich im Nachhinein heraus, dass die Kücheneinrichtung zum Beispiel wegen Feuchtigkeitsschäden nur noch einen Bruchteil wert ist, können Sie Ihr Geld zurückfordern. Allerdings nur dann, wenn Sie beweisen können, wofür Sie wie viel gezahlt haben. Lassen Sie sich deshalb die Zahlung quittieren.

Vermieter versuchen übrigens manchmal, über überhöhte Ablösesummen einen Teil der Maklercourtage wieder hereinzuholen. Lesen Sie dazu mehr auf Seite 20.

Neue Einrichtung?

Manchmal passen die Möbel aus der alten Wohnung nicht in das neue Zuhause. Sie sollten auf jeden Fall einmal mit realistischem Blick und einem Zollstock oder Maßband sowohl durch die alte Wohnung als auch durch die neue gehen und sich aufschreiben, was Sie verändern müssen. Möglicherweise haben Sie in der neuen Wohnung mehr Dachschrägen. Oder die Küche bleibt in der alten Wohnung, in der neuen gibt es jedoch keine. Vielleicht hatten Sie in der alten Wohnung eine große Terrasse, haben jetzt aber nur noch einen schmalen Balkon, auf den der Liegestuhl und der Strandkorb nicht mehr passen. Dann benötigen Sie neue Möbel.

Wie viel Geld Sie dafür ausgeben können oder wollen, entscheiden Sie natürlich selbst. Wenn Sie mit den alten Möbeln aber die erste Zeit überbrücken können, strecken Sie die Ausgaben für Neuanschaffungen, und es kommt nicht alles auf einmal. Wenn Sie Zeit haben, lohnt sich auch die Suche auf Internetplattformen für Privatverkäufe oder gewerbliche Gebrauchtwarenhändler. Auch die Kosten für neue Duschvorhänge, Fenstergardinen, Deckenlampen und ähnliches können sich zu spürbaren Summen addieren.

UNSER RAT

Keine Hektik beim Möbelkauf!

Vergleichen Sie Preise bestimmter Marken im Netz, bevor Sie einen Kaufvertrag unterschreiben. Lassen Sie sich nicht unter Druck setzen. Versprechungen wie „Dieses Angebot gilt nur heute“ sind selten wahr. Möglicherweise können Sie sparen, wenn Sie sich für ein Ausstellungsstück entscheiden. Unter Umständen kann auch der Kauf auf Raten interessant sein. Hier sollten Sie aber genau nachrechnen, was das Möbelstück Sie kostet, wenn Sie alle Zinsen dazurechnen.

Ummelden: Auto, Personalausweis, Telefonanschluss

Ist der Umzug geschafft, müssen Sie sich und möglicherweise auch Ihr Auto ummelden. Außerdem benötigen Sie einen neuen Internet- und Telefonanschluss. Das alles verursacht weitere Kosten. Allerdings gibt es von Stadt zu Stadt Unterschiede: In Köln, Leipzig oder München beispielsweise kostet es nichts, wenn Sie Ihren neuen Wohnsitz im Personalausweis eintragen lassen. In Hamburg dagegen schon.

Das Ummelden Ihres Autos kostet dagegen auch in Köln und München eine Gebühr. Die Kennzeichen können Sie inzwischen aber behalten. Fazit: Werfen Sie einen Blick auf die Internetseiten der Stadt, in die Sie ziehen. Dort sollten Sie unter den Schlagworten „Bürgerservice“ oder „Einwohnermeldeamt“ nachlesen können, welche Unterlagen Sie mitbringen müssen, um sich umzumelden, und was Sie das kostet.

Auch Ihr Telefon- und Internetanschluss wird nicht kostenlos umgezogen. Bei der Höhe der Gebühren kommt es darauf an, bei welchem Anbieter Sie einen Vertrag geschlossen haben. Vodafone unterscheidet, ob Sie einen Vertrag mit neuer Laufzeit abschließen oder den Vertrag mit einer Restlaufzeit mitnehmen. Bei einem Vertrag mit neuer Laufzeit kostet der Umzug nichts, dafür sind Sie aber länger an das Unternehmen gebunden. Bei der Telekom zahlen Sie Stand 12/2018 rund 70 Euro für den Umzug. Zum Thema Telefonanbieter wechseln lesen Sie mehr ab Seite 46 ff.

Natürlich soll auch Ihre Post Sie weiterhin erreichen: Dazu müssen Sie einen Nachsendeantrag stellen. Ihn gibt es ab 19,90 Euro für sechs Monate, zwölf Monate kosten beispielsweise rund 26,90 Euro (Stand 2/2019). Wenn Sie wünschen, dass Ihnen auch Päckchen und Pakete nachgeschickt werden, kostet das zusätzlich. Die Nachsendung können Sie online beauftragen auf der Internetseite der Deutschen Post (**www.deutschepost.de**). Geben Sie ins Suchfeld „Nachsendeservice" ein.

Self Storage: Möbel einlagern

Sie haben in den vergangenen Jahren einen wahren Boom erlebt: Lagermöglichkeiten in funktionalen Gebäuden. Wer sich dort einmietet, bekommt einen abgeschlossenen Raum ab einem Quadratmeter Grundfläche. Self Storage, also wörtlich übersetzt „Selbsteinlagerung", hat aber einen gravierenden Haken: Im Regelfall ist es ziemlich teuer. Wenn Sie niemanden kennen, bei dem Sie gegen kleines Geld einige Dinge für ein paar Monate einlagern können, sollten Sie die Angebote der Lagerflächenvermieter genau vergleichen, was jeweils enthalten ist und was es kosten soll. Es gibt Anbieter, die einen 24-Stunden-Zugang gewähren, bei anderen kommt nachts niemand an seine eingelagerten Gegenstände heran. Und sind die eingelagerten Gegenstände versichert? Falls ja, bis zu welcher Höhe? Reicht die Summe nicht aus, sollten Sie bei Ihrer Hausratversicherung anfragen, ob sie im Schadenfall bezahlen würde.

Die Preise unterscheiden sich deutlich: In Köln beispielsweise verlangt ein Anbieter für einen 1 m^3 großen Raum für vier Wochen ab knapp zehn Euro, ein anderer für einen 1,5 m^3 großen Raum ab 65 Euro. Große Möbel müssen im Regelfall für den Transport auseinandergebaut werden – so sollte man sie auch einlagern. Das spart viel Platz. Schauen Sie auch, was kleinere Anbieter verlangen, eventuell sind sie billiger als die großen. Vielleicht gibt es außerhalb Ihrer Stadt, aber trotzdem in akzeptabler Nähe zu Ihrem Wohnort ein günstigeres Angebot als bei Ihnen um die Ecke. Oft zahlen Sie weniger Gebühren, wenn Sie das Lager gleich für eine längere Zeit mieten. Überlegen Sie also schon zu Beginn, wie lange Sie den Lagerraum brauchen werden.

Wie finden wir ein neues Zuhause?

In einigen Regionen ist es sehr schwierig, eine neue Wohnung zu finden. Umso wichtiger ist es dort, die Augen offen zu halten und möglichst viele Kanäle für die Suche nach dem neuen Zuhause zu nutzen. Das kann das Internet sein, ganz klassisch eine Anzeige in der Zeitung, möglicherweise ist Wohnungstausch eine Option, oder Sie müssen einen Makler beauftragen. Je nach Kanal kommen da ganz unterschiedliche Kosten auf Sie zu.

Nutzen Sie Ihre sozialen Netzwerke

Sie sind in einem der sozialen Netzwerke im Internet, beispielsweise bei Twitter oder Facebook? Dann können Sie dort kostenlos posten, dass Sie auf der Suche sind, und Ihre Internetbekannten bitten, Ihren Post zu teilen. Gerade bei Facebook gibt es viele regionale und lokale Gruppen. Vielleicht wird dort eine Wohnung angeboten, oder Sie können in einer solchen Gruppe Ihren Wunsch an die Mitglieder verschicken. Auch spezielle Nachbarschaftsnetzwerke wie **www.nebenan.de** sind einen Versuch wert.

Manchmal gibt es in größeren Unternehmen auch eine Art (digitales) Schwarzes Brett. Falls Sie in einer solchen Firma arbeiten, sollten Sie auch diesen Kanal in Betracht ziehen. Falls nicht: Vielleicht kennen Sie jemanden, der in einem Konzern arbeitet? Fragen Sie, ob es dort im Intranet eine ähnliche Anlaufstelle gibt. Möglicherweise veröffentlicht er dort Ihr Gesuch. Übrigens haben auch manche Supermärkte für ihre Kunden als besonderen Service ein solches Infobrett. Gehen Sie in die Supermärkte in den Vierteln, in denen Sie eine Wohnung suchen. Falls Sie dort ein Schwarzes Brett finden: Hängen Sie Ihre Suchanfrage aus.

Versuchen Sie Ihr Glück in der Zeitung

Es mag veraltet klingen, ist aber in einigen Städten ein Geheimtipp: Schauen Sie in die Zeitung oder inserieren Sie dort selbst. Seit Vermieter nach dem Bestellerprinzip den Makler bezahlen müssen, wenn sie ihn beauftragen, wollen sich einige dieses Geld sparen. Sie kümmern sich also selbst darum, einen neuen Mieter zu finden. Und weil viele keine Lust haben, nach einer Anzeige im Internet Hunderte Anrufe oder E-Mails zu bekommen, nutzen sie zumindest manch-

UNSER RAT

Keine Klebeaktionen!

Verzichten Sie besser darauf, einen Wohnungssuchzettel an Laternenpfosten aufzuhängen. Das kann teuer werden, weil es sich im Behördendeutsch um eine „unerlaubte Sondernutzung öffentlicher Anlagen" handelt. Im schlimmsten Fall bekommen Sie dann eine Rechnung über mehrere Hundert Euro zugeschickt.

mal die gute, alte Tageszeitung. Dort inserieren auch noch gerne ältere Vermieter.

Suchen Sie im Internet

Im Internet gibt es zahlreiche Plattformen, auf denen Vermieter und Verkäufer ihre Immobilien einstellen. Viele wie Immoscout24 und Immowelt sind darauf spezialisiert, Anbieter und Interessenten zusammen zu bringen. Andere Plattformen wie Ebay Kleinanzeigen oder Kalaydo hat man bei der Wohnungssuche vielleicht nicht direkt auf dem Schirm. Es lohnt sich aber trotzdem, dort zu suchen.

Manche Plattformen arbeiten bundesweit, andere haben einen klaren regionalen Bezug. Sinnvollerweise klicken Sie sich durch die verschiedenen Angebote und schauen, wo die meisten Wohnungen oder Häuser in Ihrer Nähe eingestellt sind. Falls dort nichts dabei ist, was Ihnen gefällt, können Sie in der Regel Ihre Suchanfrage speichern und sich per Mail darüber informieren lassen, wenn ein passendes Objekt eingestellt wird. Auf manchen Plattformen können Sie auch selbst ein Gesuch aufgeben, ebenso in der lokalen Zeitung. Was das kostet, lesen Sie auf Seite 19.

Wohnungstausch auf Dauer

Neben der klassischen Wohnungssuche über Internetportale gibt es auch die Möglichkeit, über spezielle Internetseiten wie **www.tauschwohnung.com** einen Tauschpartner zu finden. Das heißt: Sie stellen als Anbieter Ihre Wohnung ein und beschreiben, was Sie suchen. Im Hintergrund gleicht der Computer wie bei der Partnersuche ab, mit welcher Suchanfrage eines anderen Wohnungsanbieters es ausreichend Übereinstimmungen gibt. Dann werden beide Wohnungsuchende zusammengebracht. Dieses Prinzip gibt es schon lange für eine befristete Zeit: Dabei tauschen also Wohnungsbesitzer vorübergehend, beispielsweise für den Urlaub ihre Wohnung. Bei tausch wohnung.com geht es aber gerade nicht um einen befristeten Tausch, sondern um einen echten Wohnungstausch, bei dem am Ende zwei neue Mietverträge abgeschlossen werden.

Allerdings ist es nicht damit getan, dass die beiden tauschwilligen Mieter sich gefunden haben. Sind sie sich einig, müssen nämlich noch die Vermieter mitspielen. Diese haben jedoch ein Vetorecht. Sie müssen also nicht jeden potenziellen Nachmieter akzeptieren und sie dürfen auch an den Konditionen schrauben. Es kann sinnvoll sein, den Vermieter im Vorfeld zu fragen, ob er grundsätzlich für eine solche Möglichkeit offen ist, bevor man sich auf die Suche nach einem Tauschpartner macht.

Übrigens gibt es auch Wohnungsgenossenschaften, die ihren Mietern einen Wohnungstausch anbieten. Denn vielleicht will eine Mietpartei sich verkleinern, die andere sich vergrößern. Dann ergänzen sich beide gut, und der Aufwand ist deutlich geringer, wenn der Wohnungswechsel von der Zentrale initiiert wird. Hier ist es sinnvoll, den Vermieter zu fragen, ob er eine solche Möglichkeit anbietet.

Immobiliensuche mithilfe eines Maklers

Falls Sie eine Immobilie zum Kauf suchen, kommen Sie oft nicht an einem Makler vorbei. Seit 1. August 2018 gilt eine Makler- und Bauträgerverordnung (**www.gesetze-im-internet.de/gewo_34cdv**), nach der Makler eine Erlaubnis beantragen müssen, um diesen Beruf auszuüben. Sie müssen außerdem jährlich nachweisen, dass sie sich regelmäßig weiterbilden. Damit soll das Image dieses Berufsstands verbessert werden, sollen Professionalität in der Branche zunehmen und der Verbraucher besser geschützt werden. Wenn Sie auf der Suche nach einem Makler sind, können Sie sich also die entsprechenden Nachweise zeigen lassen, bevor Sie einen Vertrag unterzeichnen. Bevor Sie aber einen Ihnen unbekannten Makler aus dem Internet auswählen, sollten Sie sich zuerst einmal im Bekanntenkreis umhören.

Rein rechtlich müssen Sie keinen schriftlichen Vertrag aufsetzen, wenn Sie einen Makler beauftragen. Sollte es allerdings zu einem Rechtsstreit kommen, sind Sie mit einem Maklervertrag besser gestellt als ohne. In einem Suchauftrag sollten Sie genau festhalten, was Sie suchen: Haus oder Wohnung, Ort und eventuell auch Stadtteil, Größe der Immobilie und Zimmerzahl, Ausstattung und Preis. In diesem Maklervertrag können Sie auch auf das hinweisen, was Sie nicht wollen – beispielsweise Angebote aus einer Immobiliensuchplattform, weil Sie diese sowieso regelmäßig durchsuchen. Sie können in einem solchen Vertrag zum Beispiel auch ausschließen, Häuser oder Wohnungen aus einer Zwangsversteigerung angeboten zu bekommen.

Falls Sie einen Makler finden, der für Sie eine Wohnung zur Miete sucht, sollten Sie außerdem festhalten, wie lange der Suchauftrag laufen soll, also zum Beispiel drei Monate oder solange, bis der Makler eine passende Immobilie für Sie gefunden hat, eventuell auch nur solange, bis Sie auf anderen Kanälen fündig geworden sind und den Auftrag beenden.

Auch die Höhe der Provision – maximal zwei Nettomieten + 19 % Mehrwertsteuer – gehört in einen solchen Vertrag, und insbesondere auch, wann sie fällig wird: Wenn Sie den Mietvertrag unterschrieben haben, nicht vorher, und auch nicht, wenn gar kein Mietvertrag zustande kommt.

UNSER RAT

Der Immobilienverband IVD

ist der Berufsverband der Immobilienmakler. Im Internet können Sie nach Mitgliedern suchen. Wer im IVD Mitglied ist, sollte sich in seinem Fach auskennen. Dementsprechend dürfen Sie dort eine gewisse Qualität erwarten. Eine Garantie ist jedoch auch diese Mitgliedschaft nicht. Mehr Informationen: www.ivd24immobilien.de/expertensuche

Die Codes der Immobilienanzeigen

Wenn Sie eine Immobilie per Anzeige suchen, egal, ob in der Zeitung oder im Internet, sollten Sie diese ganz genau durchlesen, denn manche Nachteile einer Wohnung lassen sich schön klingend umschreiben. Wer gut vorbereitet ist, ist möglicherweise weniger enttäuscht – oder spart sich unnötig vertane Zeit, um eine Immobilie zu besichtigen, die gut klingt, aber nicht gefällt.

Vorsichtig sollten Sie sein, wenn Sie „ruhige Gegend" lesen. Die Übersetzung dafür lautet häufig: „Alle Familienmitglieder benötigen ein Auto, weil es nur wenig Infrastruktur gibt". Das Gegenteil ist „verkehrsgünstig". Häufig bedeutet das „laut". Dank der Kartendienste von Google oder Apple lässt sich aber im Internet recht schnell feststellen, ob es einen Bus- oder Bahnanschluss in der Nähe gibt, Einkaufsmöglichkeiten, Freizeiteinrichtungen oder Cafés.

Anderes Beispiel: Das „romantische, verwunschene Traumhaus" hat oft nasse, kalte

UNSER RAT

Vertrauen schaffen!

Den meisten Vermietern ist besonders wichtig, dass regelmäßig die Miete auf ihrem Konto eingeht. Darum sollten Sie nach Möglichkeit einen Nachweis bei sich haben, aus dem hervorgeht, dass Sie in der Lage sind, die Miete zu bezahlen. Sie haben dazu mehrere Möglichkeiten:

- Bringen Sie eine Kopie Ihrer letzten Gehaltsabrechnungen mit und schwärzen Sie alles, was für den Nachweis Ihrer Einkünfte nicht entscheidend ist.
- Wenn Sie Freiberufler sind, kann es sein, dass der Vermieter einen Steuerbescheid von Ihnen sehen möchte.
- Hilfreich können auch Kontoauszüge sein, auf denen regelmäßige Einnahmen ersichtlich sind. Die Ausgaben können Sie unleserlich machen.
- Eine Übersicht Ihrer Kontostände ist eine Alternative, falls Sie keine regelmäßigen Einnahmen haben.
- Fragen Sie Ihren Noch-Vermieter, ob er Ihnen bescheinigt, dass Sie regelmäßig die Miete in Höhe der entsprechenden Summe rechtzeitig bezahlt haben. Siehe dazu Abschnitt „Mietschuldenfreiheitsbescheinigung" S. 33.
- Bringen Sie eine Bonitätsauskunft von der Schufa (**https://schufa.immowelt.de**) oder einem ähnlichen Anbieter mit.
- Studierende oder Azubis, die in eine eigene Wohnung oder eine Wohngemeinschaft ziehen wollen, könnten eine Elternbürgschaft schon bei der Besichtigung vorlegen.

Wände, die von Efeu zugewuchert sind. Wer dies in einer Anzeige liest, sollte den Inserenten darauf ansprechen und zum Besichtigungstermin möglichst auch jemanden mitnehmen, der sich mit der Thematik auskennt.

Steht in der Anzeige, dass der Mieter die Möglichkeit hat, eine Immobilie „nach eigenen Wünschen zu gestalten", ist die Wahrscheinlichkeit groß, dass die Wohnung eine sanierungsbedürftige Baustelle ist. Dann kann es teuer werden. Wollen Sie so lange dort wohnen, bis sich die Investition rechnet? Im Internet finden sich übrigens leicht mit der Suche nach „Codes" und „Immobilien" die häufig verwendeten Standardbegriffe von Immobilienanbietern und Maklern und was sie „übersetzt" bedeuten – manchmal etwas überspitzt kritisch formuliert, aber immer lesenswert.

Die perfekte Immobilienanzeige enthält andere Informationen: Die Größe und Zimmerzahl, der Preis und das Stockwerk sind wichtige Kriterien. Auch, ob es einen Aufzug, eine Terrasse oder einen Balkon gibt, spielt eine Rolle. Und natürlich, wie hoch die Betriebs- beziehungsweise die Heizkosten sind. In diesem Zusammenhang kann auch interessant sein, was im Energieausweis steht. Klar ist allerdings auch: Je schlechter der Immobilienmarkt für Interessenten ist, desto weniger Spielraum haben Sie. Im Zweifel müssen Sie Abstriche machen.

Sie haben ja sicher schon einmal schriftlich festgehalten, was Ihnen bei der neuen Wohnung besonders wichtig ist. Damit können Sie die Anzeigen besser analysieren. Auf Seite 107 finden Sie außerdem eine Tabelle, um die verschiedenen Wohnungen zu vergleichen.

So überzeugen Sie bei der Wohnungsbesichtigung

Wenn Sie das richtige Objekt gefunden haben, müssen Sie nur noch den Vermieter überzeugen. In vielen Regionen ist die Konkurrenz um eine Wohnung groß. Beispiel: In Köln-Ehrenfeld wurde im Herbst 2018 um

14 Uhr eine Wohnung inseriert. Bis 18 Uhr hatten sich 150 Interessenten gemeldet. Die Vermieter suchen sich dementsprechend diejenigen als Mieter aus, die am geeignetsten erscheinen und von denen sie keinen Ärger erwarten. Wer also solvent ist und das nachweisen kann, keine Haustiere und auch keine Kinder hat, nicht raucht und kein Musikinstrument spielt, hat oft aus dem Stand die besseren Karten. Leider gehen diese Wünsche am Alltag vieler anderer Wohnungssuchenden vorbei.

Um trotzdem zu punkten, hilft es oft schon, die Form zu wahren. Dazu gehört bei einer Kontaktaufnahme per E-Mail, dass Sie den Adressaten mit seinem Namen ansprechen, wenn dieser in der Anzeige genannt wird, und dass Sie mit einer Grußformel wie „Mit freundlichen Grüßen" oder „Herzlichen Dank für eine kurze Antwort" beenden. Vergessen Sie nicht, zwei, drei Sätze zu sich zu schreiben: Wie alt sind Sie, wie ist Ihre familiäre und wie Ihre berufliche Situation?

Meldet sich der Vermieter oder der Makler bei Ihnen und schlägt einen Besichtigungstermin vor, sollten Sie alles versuchen, um diesen Termin möglich zu machen. In einigen Städten sind so viele Menschen auf Wohnungssuche, dass Sie keine zweite Chance bekommen werden, wenn Sie keine Zeit haben. Bereiten Sie den Besichtigungstermin gut vor. Benutzen Sie dazu die Checkliste auf Seite 103 und die Tabelle auf Seite 107, mit der Sie Wohnungen vergleichen können. Füllen Sie sie mit den Informationen aus, die Sie aus der Anzeige entnehmen können. Was frei bleibt, müssen Sie beim Besichtigungstermin erfragen. Schreiben Sie sich Ihre Fragen vorher auf, damit Sie nichts vergessen. Sie hinterlassen so außerdem einen strukturierten Eindruck.

Mietschuldenfreiheitsbescheinigung

Viele Vermieter wollen auf Nummer sicher gehen und fordern vor Abschluss des Mietvertrags mit dem Bewerber einen Nachweis darüber, dass er aus dem letzten Mietverhältnis keine Mietschulden hinterlässt. Der BGH hat jedoch entschieden, dass Mieter kein Anrecht auf so eine Mietschuldenfreiheitsbescheinigung oder auch einfach „Vermieterbescheinigung" haben.

Wer das Dokument nicht vorlegen kann, ist aber aus dem Kreis der Bewerber für die neue Wohnung schon draußen. Wenn Sie also wissen, dass die Vorlage einer solchen Bescheinigung auf Ihrem Wohnungsmarkt üblich ist, sollten Sie sich rechtzeitig beim alten Vermieter um die Bescheinigung bemühen. Viele Vermieter und Hausverwaltungen haben ihre eigenen Vordrucke für die Mietschuldenfreiheitsbescheinigung. Benötigen Mieter eine Bescheinigung und hat der bisherige Vermieter keinen Formular-Vordruck, dann finden Sie hier eine Blanko-Bescheinigung: **www.test.de/Bescheinigung-Mietschuldenfreiheit-1716280-0**.

Den Absatz zu den Mietzahlungen und der Hausordnung sollten Sie von Ihrem aktuellen Vermieter auswählen lassen. Er muss außerdem die Bescheinigung unterschreiben, den Ort und das aktuelle Datum einfügen. Dann können Sie diese Bescheinigung bei der Wohnungssuche einem möglichen neuen Vermieter vorlegen.

Der neue Mietvertrag

Wer in eine Mietwohnung ziehen will, muss natürlich einen entsprechenden Vertrag unterschreiben. Mietervereine bieten auf ihren Internetseiten in der Regel mieterfreundliche Formulare zum Herunterladen an. Allerdings sitzen Vermieter in vielen Regionen in Deutschland am längeren Hebel. Denn wenn Wohnraum knapp ist, müssen sie sich nicht auf mieterfreundliche Klauseln einlassen, sondern setzen eher durch, was ihnen wichtig ist.

Trotzdem sollten Sie nicht alles akzeptieren. Lesen Sie Ihren Mietvertrag in Ruhe durch und überlegen Sie sich, ob Sie unterschreiben wollen, was da steht. Dabei müssen Sie unterscheiden zwischen Regeln, die nicht wirksam sind, und denen, die zwar vom Gesetz abweichen, die aber zulässig sind. Stehen in Ihrem Vertrag Klauseln, die nicht wirksam sind, müssen Sie sich darum keinen Kopf machen: Sie können einfach unterschreiben, und falls es zum Rechtsstreit kommt, haben Sie das Gesetz auf Ihrer Seite. Das ist bei den wirksamen Regeln nicht so.

Was kann im Mietvertrag stehen?

Im Grunde würde es ausreichen, wenn dort stünde, wer der Vermieter ist, wer der Mieter, um welche Mietsache es geht und wie hoch die Miete dafür ist. Allerdings ist das Leben selten so einfach. Darum stehen in einem Mietvertrag üblicherweise noch andere Dinge. Erlaubt und sinnvoll sind beispielsweise Regelungen zu diesen Themen:

➔ Ab wann gilt der Vertrag? Falls er befristet ist: Wie lange läuft er?
➔ Wie groß ist die Wohnung?
➔ Wie werden die Kosten für Heizung und Wasser berechnet?
➔ Wie hoch sind die Betriebskosten?
➔ Wann wird abgerechnet?
➔ Was gilt bei den Schönheitsreparaturen?

Im Mietvertrag kann aber noch deutlich mehr geregelt werden – siehe Seite 9. Beispielsweise die Frage nach baulichen Veränderungen, Untervermietung, Kaution und Ähnlichem. Auf Seite 135 finden Sie eine Checkliste, um Ihren Mietvertrag schnell zu prüfen.

→ S. 135

Ausfüllhilfe Mietvertrag

Kreuzen Sie an, welche Informationen Sie im Mietvertrag finden. Fehlt etwas? Fragen Sie nach! Sind viele Klauseln enthalten, die nicht im Mietvertrag stehen sollten, überlegen Sie sich, juristischen Rat einzuholen.

Was dagegen im Mietvertrag nicht stehen darf

Es gibt viele Dinge, die nicht in einem Mietvertrag stehen dürfen – und doch ist die Liste der verbotenen Klauseln vermutlich unendlich lang. Grundsätzlich lässt sich sagen, dass sich generelle Verbote selten durchsetzen lassen: Tierhaltung zu verbieten ist Quatsch – ein Goldfisch zum Beispiel macht keinen Lärm. Ähnlich ist es mit Musikinstrumenten: Eine Blockflöte ist keine Posaune.

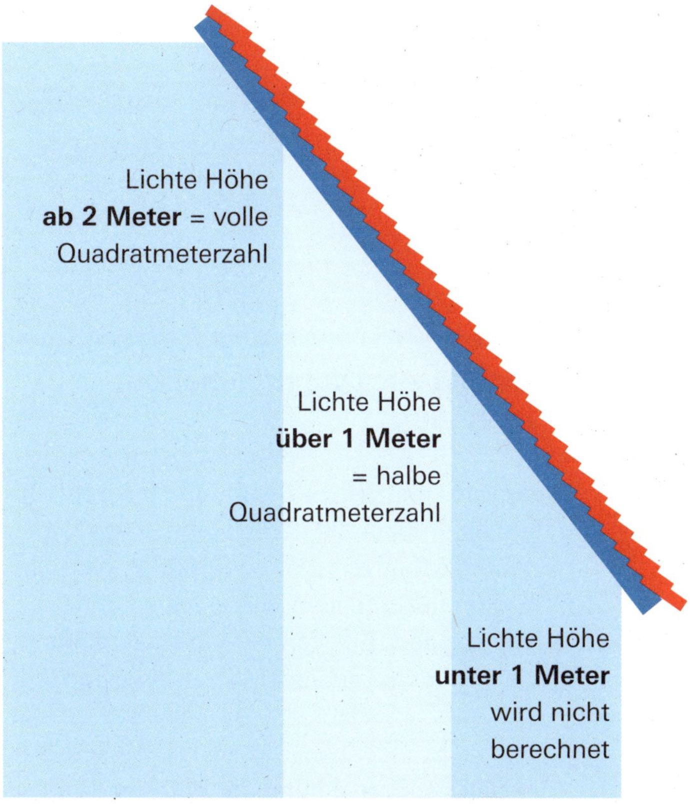

Ein häufiges Streitthema sind außerdem Regelungen zu Schönheitsreparaturen. Lesen Sie dazu mehr auf Seite 59.

Beispielhafte Urteile: Was gar nicht geht

→ Ein Vermieter darf für den Abschluss eines Mietvertrags keine Bearbeitungsgebühr verlangen. Eine entsprechende Klausel im Mietvertrag ist unwirksam, entschied das Landgericht Hamburg (Az. 307 S 144/08).

→ Eine Klausel im Mietvertrag, vorformuliert oder handschriftlich ergänzt, nach der der Mieter beim Auszug das Parkett schleifen muss, ist unwirksam (Landgericht Köln, Az. 9 S 52/04).

→ Starre Renovierungsfristen im Mietvertrag sind unwirksam. Mieter und Vermieter können diese jedoch individuell und ohne Vordruck absprechen. Dann sind die festgelegten Regelungen gültig (Bundesgerichtshof, Az. VIII ZR 71/08).

→ Der Mieter darf durch den Mietvertrag nicht einseitig dazu gezwungen werden, eine Zeit lang auf sein Kündigungsrecht zu verzichten. Das geht nur, wenn auch der Vermieter im Gegenzug darauf verzichtet (Bundesgerichtshof, Az. VIII ZR 30/08).

Ist die Wohnfläche korrekt berechnet?

Ein beliebter Streitpunkt ist die Größe der Wohnfläche. Sie ist wichtig für die Höhe der Miete und eventuell auch der Nebenkosten, falls diese nach Quadratmetern umgelegt werden. Bei der Wohnfläche geht es nicht um die Gesamtquadratmeterzahl der Wohnung, sondern tatsächlich nur um die Fläche, die Sie auch im wahrsten Sinne des Wortes bewohnen. Nicht zur Wohnfläche gehören dementsprechend:

→ Kellerräume
→ Abstellräume
→ Waschküche
→ Speicher
→ Trockenraum
→ Heizungsraum
→ und Garage.

Die Berechnung richtet sich aktuell im Allgemeinen nach der Wohnflächenverordnung (Woflv), die Sie im Internet (**www.gesetze-im-internet.de/woflv**) nachlesen können. Demnach gilt, dass die Quadratmeterzahl bis zu einer Raumhöhe von mindestens zwei Metern voll angerechnet wird, zwischen ein und zwei Metern Raumhöhe nur zur Hälfte und bei einer Höhe von unter einem Meter gar nicht. Das hat natürlich speziell dann Auswirkungen, wenn Sie eine Dachgeschosswohnung mieten.

Auch Balkone, Dachterrassen und Loggien werden nicht voll berechnet. In der Regel ist ihre Grundfläche nur zu einem Viertel anrechenbar, in begründeten Fällen auch bis zu 50 Prozent.

Urteile zur Wohnflächenberechnung

→ Das Landgericht Berlin (AZ 18 S 308/13) hat im Frühjahr 2018 die Vorgabe aus der Wohnflächenverordnung bestätigt, dass ein Balkon nur zu einem Viertel angerechnet werden darf. Der Vermieter hat allerdings beim Bundesgerichtshof Revision eingelegt (AZ VIII ZR 33/18).

→ Für die Berechnung der Heiz- und Betriebskosten gilt die tatsächliche Wohnungsgröße und nicht die möglicherweise fehlerhafte Angabe im Mietvertrag (BGH, VIII ZR 220/17). Damit wurde eine zehnprozentige Toleranzgrenze gekippt.

→ Ist die Wohnung um mehr als zehn Prozent kleiner, als im Mietvertrag angegeben, kann der Mieter die Miete mindern. Laut Bundesgerichtshof lässt sich dann für jeden fehlenden Quadratmeter die Miete anteilig mindern (BGH, Az. VIII ZR 44/03; 133/03 und 295/03).

→ Wenn im Mietvertrag keine Angabe zur Größe der Wohnfläche gemacht wurde, können Mieter später die Größe der Wohnung nicht beanstanden und dementsprechend auch keine Miete zurückfordern (Landgericht Gießen, Az. 1 S 243/03).

Fragen Sie nach dem Energieausweis

Zusätzlich zur Miete müssen Sie Betriebskosten bezahlen, dazu gehören beispielsweise die Heizkosten. Wenn sie zu knapp kalkuliert wurden, müssen Sie unter Umständen im folgenden Jahr mit der Nebenkostenabrechnung eine gehörige Summe nachzahlen. Damit es da für Sie kein böses Erwachen gibt, sollten Sie sich den Energieausweis zeigen lassen. Dann können Sie besser kalkulieren, welche Belastung künftig auf Sie zukommt. Allerdings ist die Höhe der Heizkosten auch immer vom eigenen Wärmebeziehungsweise Kälteempfinden abhängig.

Was müssen und was dürfen Sie im Garten machen?

Sie ziehen in ein Einfamilienhaus? Dann ist die Situation meistens schnell geklärt: Der Mieter darf den zugehörigen Garten nutzen. So urteilte einst das Oberlandesgericht Köln (OLG Köln 19 U 132/93). Dementsprechend können Sie Gemüsebeete anlegen oder für die Kinder einen Sandkasten aufbauen. Ausnahme: Im Mietvertrag wurde die Gartennutzung ausdrücklich verboten.

Wurde die Gartennutzung erlaubt, sind Sie allerdings in der Pflicht: Sie müssen beispielsweise den Rasen mähen und Unkraut jäten. Aufwendigere Arbeiten wie das Beschneiden der Bäume und Sträucher oder das Vertikutieren und Düngen des Rasens gehören nur dann zu Ihren Aufgaben, wenn dies ausdrücklich im Mietvertrag vereinbart wurde. Hierzu gibt es ein Urteil des Landgerichts in Frankfurt, LG Frankfurt 2–11 S 64/04.

Achtung: Wenn im Vertrag steht, dass Sie sich um den Garten kümmern werden, dürfen Sie ihn nicht einfach verwildern lassen. Dann nämlich kann der Vermieter eine Gartenfirma beauftragen und dem Mieter die Kosten in Rechnung stellen.

Sie mieten eine Wohnung in einem Mehrfamilienhaus? Dann ist die Situation oft nicht so eindeutig geregelt. In diesem Fall muss die Gartennutzung ausdrücklich im Mietvertrag geregelt werden. Im Mehrfamilienhaus muss sich außerdem der Eigentümer um den Garten kümmern. Allerdings kann er die Kosten dafür auf die Mieter umlegen.

Je mehr Mieter in einem Haus wohnen, und je mehr Menschen ein Recht zur Gartennutzung haben, desto schwieriger wird die Situation. Hier kann die Hausordnung Regeln festlegen.

Was bei Gartennutzung nie erlaubt ist

Egal, ob Sie im Einfamilienhaus oder in einer Wohnung mit Gartennutzung leben: Sie dürfen nie den Garten vollkommen umgestalten. Wenn Bäume im Garten stehen, müssen die dort zunächst einmal bleiben. Gibt es keine Bäume, dürfen Sie nicht einfach welche ohne Erlaubnis pflanzen. Wer eine solche schwerwiegende Änderung des Gartens vornehmen möchte, sollte sich schriftlich bestätigen lassen, dass sein Vorhaben genehmigt ist. Außerdem sollten Sie dort festhalten, was bei Ihrem Auszug mit einem gepflanzten Baum oder Busch passieren soll. Denn erstens sind diese Pflanzen teuer, zweitens kann man sie oft nicht einfach umpflanzen, drittens haben Sie in einer künftigen neuen Immobilie vielleicht auch gar keinen Platz dafür. Besprechen Sie darum, ob Sie die gekaufte Pflanze stehen lassen können, ob sich der Vermieter an den Kosten beteiligen wird, wenn Sie ausziehen, oder ob Sie die Pflanze entfernen und vernichten lassen sollen.

Kaution: Was ist erlaubt?

Wenn Sie in eine neue Wohnung einziehen, werden Sie Kaution hinterlegen müssen. Ausnahme: Der Vermieter hat vergessen, diesen Punkt in den Mietvertrag aufzunehmen. Fehlt dort der entsprechende Passus, müssen Sie nachträglich keine Kautionsleistung akzeptieren. Grundsätzlich dient die Kaution als Sicherheit für den Fall, dass Sie Ihre Miete nicht bezahlen oder in der Wohnung einen größeren Schaden anrichten, den Sie eventuell nicht begleichen können. Die Kaution darf allerdings nicht höher sein als drei Nettokaltmieten. Die Nettokaltmiete ist die Miete ohne Heizkosten und andere Betriebskosten. Zahlen Sie also kalt 700 Euro für Ihre Wohnung, müssen Sie maximal 2 100 Euro Kaution hinterlegen. Der Vermieter kann übrigens nicht von Ihnen verlangen, dass Sie die gesamte Summe auf einmal bezahlen: Sie dürfen sie in drei Monatsraten überweisen. Die Kaution bekommen Sie beim Auszug verzinst zurück – wenn Sie sich nichts haben zu Schulden kommen lassen. Darum muss die Kaution auch getrennt vom Vermögen des Vermieters aufbewahrt werden, in der Regel auf einem Treuhandkonto, einem Sparkonto mit dreimonatiger Kündigungsfrist. Somit ist es auch geschützt vor möglichen Gläubigern des Vermieters. Theoretisch könnten auch Sie ein solches Konto anlegen und dem Vermieter den Zugang dazu erlauben. In der Praxis passiert dies aber selten.

Statt einer Kaution können Sie auch eine Bürgschaft vorschlagen. Die gibt es von der Bank oder von einer Versicherung. Allerdings kosten diese sogenannten Kautionsversicherungen auch ordentlich Geld. Banken bieten häufig die günstigere Möglichkeit an, darum sollten Sie die Preise vergleichen. Falls Sie genügend Geld zur Seite gelegt haben, ist es für Sie aber am besten, wenn Sie die Kaution selbst hinterlegen und weder auf eine Bank noch auf eine Versicherung zurückgreifen müssen.

Ablöse oder Abstand: Was geht gar nicht?

Die Begriffe Ablöse und Abstand können sowohl in Bezug auf die alte Wohnung als

UNSER RAT

Wichtiges immer schriftlich

Verlassen Sie sich nie auf eine mündliche Zusage. Denn falls Ihr Vermieter die Wohnung verkauft oder sie nach seinem Tod an die Erben übergeht, haben Sie neue Vertragspartner, die nichts davon wissen, was Sie mit ihrem Vorgänger abgesprochen haben.

auch auf die neue Wohnung auftauchen. Sie werden oft synonym benutzt, obwohl sie ganz unterschiedliche Dinge bedeuten. In der Regel ist damit gemeint, dass der neue Mieter dem alten Geld dafür geben soll, dass er beispielsweise ein Parkett auf eigene Kosten in der Wohnung verlegt oder andere hochwertige Umgestaltungen der Wohnung vorgenommen hat, zu denen der Vermieter nichts gezahlt hat. Einerseits ist nicht alles dem Gesetz entsprechend, was im Alltag verlangt wird, andererseits hat ein schwieriger Wohnungsmarkt häufig seine eigenen Gesetze. Lesen Sie mehr zu diesem Thema auf Seite 20.

Einbauten übernehmen

Wenn ein Mieter in der Wohnung eine Einbauküche oder ein Hochbett einbaut, muss er beides in der Regel wieder ausbauen, wenn er auszieht. Denn er muss die Wohnung so zurückgeben, wie er sie gemietet hat. Eventuell sind eine Einbauküche, ein Hochbett oder eine Sicherheitstür aber ganz sinnvoll in der Wohnung. Dann kann der alte Mieter den neuen fragen, ob dieser die Einbauten übernimmt – allerdings muss der Vermieter vorher seine Zustimmung gegeben haben, dass die Einbauten in der Wohnung bleiben dürfen. Der neue Mieter muss im Gegenzug in der Regel Geld bezahlen. Astronomische Summen dürfen dafür allerdings nicht verlangt werden. Erfahren Sie mehr darüber, was rechtens ist, auf Seite 26.

Wichtig in diesem Zusammenhang: Auch wenn Sie Ihrem Vorgänger die Einbauten abgekauft haben – von jetzt an sind Sie dafür verantwortlich. Das heißt: Wenn Sie ausziehen, kann der Vermieter von Ihnen verlangen, dass Sie auf eigene Kosten die Einbauten, für die Sie zahlen mussten, entfernen lassen. Das kann also sehr teuer werden.

Wohnungsanpassungen an sich sind jedoch nicht in jedem Fall erlaubt: Wer ohne Zustimmung eine Mauer durchbricht, eine Duschkabine einsetzt oder andere Fenster einbaut, hat spätestens beim Auszug ein echtes Problem. Darum ist es immer sinnvoll, bei einer solchen Maßnahme im Voraus die Einwilligung des Vermieters schriftlich einzuholen.

Es gibt zwei Situationen, in denen der Vermieter üblicherweise den Wunsch nach einem Umbau nicht zurückweisen kann:

1 Die Wohnung soll heutigen Standards angepasst werden. Das ist beispielsweise der Fall, wenn Sie im Badezimmer noch kein Warmwasser haben oder die Wohnung noch mit einem Ofen und nicht mit einer Heizung gewärmt wird.

2 Die Wohnung soll barrierefreier werden. Wie Sie dabei vorgehen sollten, hat der Beauftragte der Bundesregierung für die Belange behinderter Menschen auf www.behindertenbeauftragter.de in fünf Schritten zusammengefasst.

TV-Empfang per Kabel, Internetanbieter oder ganz anders?

Üblicherweise finden Sie im Mietvertrag auch Informationen dazu, wie in der Wohnung das Fernseh- und Radioprogramm empfangen wird. Gerade in einer größeren Wohnanlage legen sich die Eigentümer häufig für mehrere Jahre auf einen Kabelnetzbetreiber fest, weil sie so bessere Konditionen bekommen. Das heißt für Sie: Sie müssen lediglich ein Kabel in die entsprechende Dose in der Wand stecken, und schon können Sie viele TV- und Radioprogramme empfangen. Möglicherweise gibt es auch eine gemeinsame Satellitenanlage.

Individuelle Satellitenschüsseln dagegen werden in den großen Wohnanlagen oft nicht gerne gesehen – zumindest dann nicht, wenn der Vermieter beziehungsweise die Eigentümergemeinschaft einen anderen Zugang zu Funk und Fernsehen ermöglicht. Sie dürfen in diesen Fällen nur unter bestimmten Voraussetzungen von außen sichtbar Ihre eigene Schüssel installieren:

1 Sie erklären, dass Sie ein besonderes Interesse am Empfang spezieller Programme haben, die Sie über Kabel nicht empfangen können – beispielsweise ausländische Fernsehsender aus Ihrem Heimatland.

2 Sie übernehmen alle Kosten.

3 Die Anlage muss baurechtlich akzeptiert und fachmännisch installiert werden.

4 Sie wird an einem möglichst unauffälligen Ort angebracht.

Bevor Sie also Verträge mit Internetanbietern zum TV-Empfang unterschreiben oder in eine SAT-Anlage investieren, sollten Sie zunächst überprüfen, was zu diesem Thema im Mietvertrag steht. Mehr Informationen zu diesem Thema finden Sie übrigens auf Seite 46 unter dem Stichwort „Telefon und Internet ummelden oder wechseln“.

Nur mit Übergabeprotokoll

Was für die alte Wohnung gilt, gilt auch für die neue: Wenn Sie eine Wohnung übernehmen, also die Schlüssel übergeben bekommen, sollten Sie immer in einem Übergabeprotokoll festhalten, in welchem Zustand die Wohnung ist. Auch wenn der Vermieter es merkwürdig finden wird: Überprüfen Sie jede Steckdose, indem Sie beispielsweise eine kleine Lampe einstecken und schauen, ob das Licht angeht. Sobald Sie das Übergabeprotokoll unterschrieben haben, sind Sie verantwortlich für Probleme, die vorher nicht erkannt wurden. Bei einer defekten Steckdose haben Sie mindestens das Problem, dass Sie sich um einen Elektriker kümmern und mit ihm einen Termin ausmachen müssen. Außerdem sollten Sie nicht nur überprüfen, ob Ihnen alle Schlüssel vorliegen, sondern auch, ob sie sich in den jeweiligen Schlössern drehen lassen. Im Nachhinein den Beweis zu führen, dass nicht Sie, sondern der Vormieter einen Schlüssel so verbogen hat, dass er sich nicht mehr im Schloss drehen lässt, ist schwierig. Wenn es im Haus eine Schließanlage gibt, kann es jedoch sehr teuer werden, einen weiteren Schlüssel anfertigen zu lassen. Also prüfen Sie das besser bei der Wohnungsübergabe.

Auch Toilettenspülungen sollten Sie durch einmaliges Drücken überprüfen: Laufen sie nach oder lassen sie sich gar nicht mehr stoppen, haben Sie das Problem, selbst wenn der Vermieter die Kosten trägt. Und falls Sie einen Tiefgaragenplatz mieten und dazu ein Funk-Toröffner übergeben wird, sollten Sie bei der Übergabe damit einmal das Tor öffnen und schließen. Sonst stehen Sie im Zweifelsfall nicht nur vor einem geschlossenen Tor, sondern haben auch hier das Problem, sich um einen neuen Sender kümmern zu müssen. Auf Seite 141 können Sie ein Formular für ein Übergabeprotokoll entnehmen.

→ S. 141

Ausfüllhilfe Wohnungsübergabeprotokoll

Das Wohnungsübergabeprotokoll auf Seite 141 können Sie sowohl beim Ein- als auch beim Auszug benutzen. Sie müssen nur kenntlich machen, um was es bei der Übergabe geht. Machen Sie dazu also ein Kreuzchen entweder bei „Einzug" oder bei „Auszug".
Füllen Sie dann die Daten zur Mietwohnung aus und geben Sie die Adresse des Vermieters sowie Ihre eigene an. Falls der Vermieter die Übergabe vom Hausverwalter oder Hausmeister machen lässt, sollten Sie seine Daten ins Protokoll übernehmen. Haben Sie oder der Vermieter einen Zeugen dabei? Dann tragen Sie auch dessen Daten in das Protokoll ein.
Halten Sie außerdem die Zählerstände fest. Denn bei einem Wechsel müssen Sie natürlich nur so viel bezahlen, wie Sie seit der letzten Abrechnung bis zum Auszug an Strom, Gas und Wasser verbraucht haben. Füllen Sie im Protokoll aus, welche Einrichtungsgegenstände vom Vermieter sind und dementsprechend in der Wohnung verbleiben. So kann er sicher gehen, dass während Ihrer Mietzeit beziehungsweise nach Ihrem Auszug noch alles da ist, was er einmal angeschafft hat. Halten Sie fest, in welchem Zustand die Wohnung übergeben wird. Listen Sie eventuelle Mängel auf. Schreiben Sie bei den Bemerkungen auf, bis wann der Vermieter oder Sie selbst sie behoben haben müssen. Füllen Sie noch die Informationen zu den Schlüsseln aus. Falls dem nichts hinzuzufügen ist, müssen jetzt nur noch alle Anwesenden unterzeichnen. Dann dürfen Sie einziehen – oder haben den letzten Teil des Auszugs geschafft.
Falls der Vermieter oder der Hausverwalter das Übergabeprotokoll ausfüllt, sollten Sie darauf achten, dass alles richtig erfasst wurde.

Hat alles seine Richtigkeit? Dann müssen Sie nur noch ein Namensschild an der Haus- und der Wohnungstür sowie am Briefkasten befestigen. Vorübergehend mag es in Ordnung sein, wenn Sie einfach ein Blatt Papier beschreiben und ankleben.

Allerdings hat jede Eigentümergemeinschaft ihre Eigenarten – es kann also auch sein, dass die Schildvergabe über den Hausmeister organisiert wird. Fragen Sie zur Sicherheit nach.

Einen groben Zeitplan erstellen

Beim Umzug kommt viel auf den richtigen Zeitpunkt an. Denn einige Dinge sind an Fristen gebunden, die einzuhalten sind. So müssen Sie beispielsweise Ihren Mietvertrag rechtzeitig kündigen. Anderes Beispiel: Nach dem Umzug haben Sie nur zwei Wochen Zeit, um sich umzumelden. Darum ist es wichtig, dass Sie sich eine Checkliste machen, sobald klar ist, dass Sie umziehen werden.

Sobald der neue Mietvertrag unterschrieben ist, läuft die Stoppuhr rückwärts. Von jetzt an haben Sie drei Monate Zeit. Theoretisch könnten Sie sich natürlich auch länger Zeit lassen, aber das wird schnell teuer, denn Sie müssen gegebenenfalls doppelt Miete bezahlen. Da die letzten Tage vor und die ersten Tage nach dem eigentlichen Umzug sowieso sehr stressig werden, sollten Sie alles, was Sie schon früh erledigen können, so bald wie möglich angehen. Damit Sie nichts vergessen, finden Sie auf Seite 123 eine Tabelle, in der Sie alle anstehenden Aufgaben abhaken können.

Die Tabelle ist Ihr persönlicher Umzugs-Countdown. Trennen Sie die Seiten aus dem Buch und heften Sie sie an eine Wand, die Sie immer im Blick haben. Der Countdown beginnt drei Monate vor dem eigentlichen Umzug und endet etwa 14 Tage, nachdem Sie in der neuen Wohnung leben.

Tipp: Zusätzlich zu dieser Tabelle können Sie sich in Ihrem Smartphone Notizen mit Datum anlegen. Dann werden Sie automatisch daran erinnert, was Sie wann machen müssen.

→ S. 123

Ausfüllhilfe Ihr Umzugs-Countdown

Sie können in jeder Spalte ein Häkchen setzen, wenn Sie die Aufgabe erledigt haben. Noch besser ist es, wenn Sie das entsprechende Datum einsetzen. Das hat den Vorteil, dass Sie darauf Bezug nehmen können, wenn jemand nachfragt. Beispiel: Sie bitten einen Möbelspediteur um ein Angebot. Nach fünf Tagen haben Sie noch nichts von ihm gehört. Dann können Sie ihn anrufen und sehen auf einen Blick, wann Sie das Angebot angefordert haben. Sie müssen also nicht erst in Ihrem Gedächtnis, im Kalender oder im E-Mailfach danach suchen. Außerdem haben Sie in jeder Zeile Platz für persönliche Notizen. Schließlich funktioniert nicht immer alles so reibungslos, wie wir uns das wünschen.

Legen Sie das Zeitfenster fest

Damit der Umzug reibungslos läuft, beginnen Sie am besten damit, das eigentliche Zeitfenster des Wohnungswechsels festzulegen. Denn um diese wenigen heißen Tage, in denen Ihr Hausrat von A nach B gebracht werden wird, müssen Sie im Anschluss alles andere anordnen.

In der Regel ziehen Sie natürlich so schnell wie möglich in die neue Wohnung ein, nachdem Sie den Mietvertrag unterschrieben haben. Sprechen Sie deshalb mit dem Vormieter ab, wann er auszieht. Planen

Sie dann noch zwei, drei Tage ein, damit eventuell die Wände gestrichen werden können. So legen Sie schließlich den Tag fest, für den Sie sich um ein Umzugsunternehmen oder um einen Transporter und fleißige Helfer kümmern müssen. Bedenken Sie, dass Sie die alte und dann leere Wohnung eventuell auch noch streichen müssen, bevor Sie den Schlüssel fristgerecht übergeben können.

Falls Sie absehen können, dass das alles bis zum vorgesehenen Monatsende zu knapp wird, müssen Sie in den sauren Apfel beißen und eventuell für 14 Tage oder einen Monat doppelt Miete zahlen. Dementsprechend verlängern Sie die gesetzliche Kündigungsfrist von drei Monaten um einen Monat. Damit erkaufen Sie sich auf jeden Fall Zeit, um einigermaßen stressfrei durch den Wohnungswechsel zu kommen.

Beantragen Sie Urlaub

Sobald Sie dieses Zeitfenster festgelegt haben, müssen Sie sich um Urlaub bemühen. Denn während Ihres Umzugs können Sie nicht arbeiten; außer Sie haben jemanden, der sich um alles kümmert. Da das selten der Fall sein wird, sollten Sie einige Tage frei nehmen. Manche Arbeitgeber sehen für einen Umzug Sonderurlaub vor oder zumindest eine unbezahlte Freistellung. Was für Sie gilt, steht im Regelfall im Arbeitsvertrag. Bekommen Sie keinen zusätzlichen Tag Urlaub eingeräumt, müssen Sie für den Umzug eben Urlaubstage opfern.

Bedenken Sie aber, dass Ihre Kollegen vielleicht zeitgleich Urlaub haben wollen. Besonders in der Ferienzeit kann es schwierig werden, genau die Tage frei zu bekommen, die Sie gerne hätten. Insbesondere, wenn andere Kollegen ihren Urlaub schon frühzeitig genommen haben, kann das Probleme machen. Auch darum ist es wichtig, dass Sie sich so früh wie möglich darum kümmern, also im Prinzip sobald Sie den neuen Mietvertrag unterschrieben haben. Verlieren Sie keine Zeit, und machen Sie sich sofort im Anschluss daran, einen Umzugsplan mit Zeitfenster festzulegen.

Noch drei Monate: Nutzen Sie die Zeit

Wenn Sie keinen befristeten Vertrag haben, der automatisch ausläuft, ist jetzt der richtige Zeitpunkt, den Mietvertrag zu kündigen. Davon abgesehen gibt es schon jetzt viele Dinge, die Sie in Ruhe erledigen können, bevor am Ende die Zeit drängt.

Sehr viele Mietverträge sehen eine Kündigungsfrist von drei Monaten zum Monatsende vor. Darum ist jetzt der richtige Zeitpunkt, Ihren Vertrag zu kündigen. Auf Seite 56 lesen Sie, wie Sie das am besten machen. Außerdem finden Sie dort auch Tipps dazu, wie Sie schneller einen Nachmieter oder Käufer finden, falls das in Ihrer Situation wichtig sein sollte.

Schule und Kita: beim Umzug ein schwieriges Thema

Sie haben Kinder, die noch zur Schule gehen oder für die Sie eine Kindertagesbetreuung benötigen? Dann sollten Sie versuchen, diese so schnell wie möglich in einer neuen Kita oder Schule anzumelden. Da es nicht einfach ist, einen freien Platz zu bekommen, ist es wichtig, dass Sie sich möglichst früh darum kümmern. Viele Städte haben auf ihren Internetseiten entsprechende Datenbanken, die man mit Suchbegriffen wie „Kita Navigator" oder „Kita Informationssystem" findet.

Ziehen Sie innerhalb einer Stadt um, ist das Problem eines neuen Platzes möglicherweise nicht so dringend, als wenn Sie in eine andere Stadt oder in ein anderes Bundesland ziehen. Im Zweifelsfall haben Sie dann nur längere Fahrtstrecken, weil Ihr Kind bis zu den nächsten Ferien in der Kindertagesstätte oder Schule bleibt. Ziehen Sie in eine andere Stadt, und gehen Ihre Kinder zur Schule, kann es sinnvoll sein, mit dem Umzug bis zu den großen Ferien zu warten. So reißen Sie den Sohn oder die Tochter nicht aus dem Lehrplan heraus. Falls Sie oder Ihr Partner berufsbedingt schon früher in der neuen Stadt sein müssen, sollten Sie über eine kurze Fernbeziehung nachdenken: Dann ziehen Sie oder Ihr Partner schon um, und der Rest der Familie kommt in den Ferien nach. Das macht es zumindest für Ihren Nachwuchs leichter, in der neuen Stadt möglichst schnell Fuß zu fassen.

Natürlich müssen Sie die Kita auch kündigen. Manche Verträge sehen jedoch Laufzeiten von einem Jahr vor. Eine solche Regelung ist gerade im Falle eines Umzugs in eine andere Stadt nicht besonders lebensnah. Andererseits müssen auch die Kitas eine gewisse Planungssicherheit haben. Der Bundesgerichtshof urteilte, dass eine Kündigungsfrist von zwei Monaten für Eltern hinnehmbar sei (Az. III ZR 126/15). Sollte in Ihrem Vertrag eine längere Kündigungsfrist stehen, und verursacht sie in Hinblick auf Ihren Umzug Probleme, so könnte es sinnvoll sein, einen Anwalt um Rat zu fragen.

Mitgliedschaften kündigen

Falls Sie in einen anderen Ort ziehen, ist jetzt auch der richtige Zeitpunkt, um Mitgliedschaften zu kündigen – beispielsweise in der Stadtbibliothek, im Gesangs- oder Turnverein oder im Fitnessstudio. Speziell letzteres kann nämlich noch ganz schön teuer werden. So urteilte der Bundesgerichtshof im Jahr 2016, dass ein Wohnortwechsel kein Grund sei, vorzeitig aus einem langlaufenden Vertrag auszusteigen (XII ZR 62/15). Das heißt: Im Zweifelsfall zahlen Sie für die Mitgliedschaft in einem Fitnessstudio an einem Ort, an dem Sie nicht mehr leben. Darum sollten Sie diese Mitgliedschaft so schnell wie möglich kündigen. Verbraucherfreundliche Verträge mit dem Fitnessstudio sehen übrigens von sich aus vor, dass ein Umzug zum vorzeitigen Ausscheiden berechtigt. Werfen Sie darum auf jeden Fall einen Blick in Ihren Vertrag.

Schönheitsreparaturen: ja oder nein?

Für die Schönheitsreparaturen ist es zwar jetzt noch viel zu früh, aber Sie können sich schon damit auseinandersetzen, ob Sie beim Auszug überhaupt etwas machen müssen, und falls ja, was. Werfen Sie darum zuerst einen Blick in den Mietvertrag. Auf Seite 59 in diesem Buch erfahren Sie mehr über die gesetzlichen Regeln zu Schönheitsreparaturen. Sind die Regelungen in Ihrem Mietvertrag rechtens? Falls ja, finden Sie auf Seite 62 außerdem Tipps zum Streichen.

Sie möchten nicht selbst tapezieren oder streichen? Und brauchen eventuell sogar noch jemanden, der Ihnen einen neuen Boden verlegt? Dann sollten Sie sich jetzt schon auf die Suche nach Handwerkern machen. Einen guten Handwerker zu finden, ist nämlich gar nicht so einfach. Davon abgesehen sind viele Handwerker schon Monate im Voraus ausgebucht. Sie sollten grundsätzlich immer mehrere Angebote einholen und diese vergleichen.

Falls Sie feststellen, dass Sie Schönheitsreparaturen durchführen müssen, und Sie keinen Handwerker beauftragen wollen, können Sie jetzt schon die Wände und die Decke ausmessen und mithilfe der Einkaufsliste auf Seite 137 die entsprechenden Werkzeuge und Utensilien im Baumarkt einkaufen. Farbe, Abdeckfolie und was Sie sonst noch brauchen werden, lassen Sie am Umzugstag natürlich in der alten Wohnung stehen, denn Sie werden es ja einige Tage später dort brauchen, um die Schönheitsreparaturen durchzuführen.

Mit der Tabelle auf Seite 137 können Sie auch die Kosten vorab überschlagen. Sie werden schnell feststellen, dass die Spanne zwischen dem günstigsten und dem teuersten Preis ziemlich groß ist.

Beginnen Sie zu entrümpeln

Außerdem können Sie jetzt schon anfangen zu entrümpeln: Was wird offensichtlich in der neuen Wohnung nicht mehr gebraucht? Gehen Sie durch die Räume und inserieren Sie in Kleinanzeigenportalen, was verkauft oder verschenkt werden soll. Alternativ sollten Sie sich für einen Flohmarkt anmelden. Gerade im Sommer sind die Plätze oft Wochen und Monate im Voraus ausgebucht.

In einigen Städten sind auch sogenannte Hofflohmärkte erlaubt – vielleicht ist das eine Alternative. Informationen dazu bekommen Sie oft bei der Stadtverwaltung oder durch eine kurze Recherche im Internet. Geben Sie einfach die Begriffe „Hofflohmarkt" und den Namen Ihrer Stadt ein.

Auf Seite 115 finden Sie eine Tabelle, in der Sie Ihre Bestandsaufnahme festhalten können. Tragen Sie beim Gang durch die Immobilie dort ein, was mit den Möbeln und dem Hausrat geschehen soll. Auf der gleichen Seite finden Sie außerdem eine Berechnungshilfe, mit der Sie die benötigte Menge an Umzugskartons ziemlich genau bestimmen können.

UNSER RAT

Fotodokumentation

Da Sie bei einem Umzug sowieso jeden Gegenstand Ihres Hausrats in die Hand nehmen müssen, können Sie vorausschauend handeln: Machen Sie zumindest von den teureren Dingen wie Schmuck, besonderen Vasen oder einem Ledermantel Fotos. Denn falls bei Ihnen eingebrochen werden sollte, haben Sie so immerhin eine genaue Beschreibung des Gegenstands vor Augen und vergessen im Schadenfall kein zerstörtes, beschädigtes oder gestohlenes Objekt. So können Sie auch leichter beweisen, dass die Gegenstände existieren und Ihr Eigentum waren. Noch wichtiger sind in diesen Fällen übrigens Kaufbelege. Sie sollten diese beim Ausmisten deshalb nicht wegwerfen, sondern in einem Ordner für die Hausratversicherung abheften – digital oder analog.

→ S. 115

Ausfüllhilfe Bestandsaufnahme Haushalt

In der ersten Spalte finden Sie vieles, was sich in Ihrem Haushalt befinden wird. Falls etwas fehlt, haben Sie Platz, diese Dinge zu ergänzen. Schreiben Sie jetzt schon hinein, wie groß die Möbel, Deko-Gegenstände und Geräte sind, die nicht auseinandergebaut werden können und die sich nicht einfach verpacken lassen. So finden Sie schnell heraus, wie groß der Haushalt ist.
In der zweiten Spalte können Sie alternativ angeben, wie viele Umzugskartons Sie dafür einplanen.
In den folgenden Zeilen tragen Sie ein, ob etwas mit in die neue Wohnung soll, ob Sie es verkaufen, verschenken oder wegschmeißen wollen. In jeweils zwei zusätzlichen Spalten können Sie das Datum eintragen, wann Sie sich von welchem Gegenstand getrennt haben. So behalten Sie den Überblick über Ihren Hausstand.

Nutzen Sie den Zeitpunkt außerdem, um Ihre Ablage zu durchforsten: Schmeißen Sie Papiere weg, die Sie nicht mehr benötigen und die Sie auch von Gesetzes wegen nicht weiter aufbewahren müssen. Aber Vorsicht! Seien Sie nicht zu großzügig beim Ausmisten:

→ **Rechnungen** sollten Sie wegen der Gewährleistungsansprüche mindestens zwei Jahre lang aufheben. Bei Handwerkerleistungen an festen Hausinstallationen gilt ein längerer Zeitraum von fünf Jahren.

→ **Arbeitsverträge** heben Sie mindestens elf Jahre lang auf, nachdem Sie die Firma verlassen haben, denn nach zehn Jahren verjähren sogenannte versteckte Schadenersatzansprüche. Wer auf Nummer sicher gehen will, hebt sie länger auf – dann kann er sie im Zweifelsfall der Deutschen Rentenversicherung Bund bei Nachfragen zur Berechnung der gesetzlichen Rente vorlegen. Gleiches gilt für **Gehaltsabrechnungen** und **Sozialversicherungsnachweise**.

→ **Steuerunterlagen** müssen Sie im Prinzip nur aufheben, wenn das Finanzamt Sie darauf hinweist. Allerdings sollten Sie den Steuerbescheid mindestens so lange aufbewahren, wie er nur vorläufig ist.

→ **Versicherungsverträge** heben Sie bis drei Jahre nach der Kündigung auf. Die Originalurkunden von Lebensversicherungen behalten Sie aber unbedingt auf Dauer! Sie brauchen die Belege zum Nachweis Ihrer Ansprüche.

Noch sechs bis vier Wochen bis zum Umzug

Langsam wird es ernst! In diesen beiden Wochen sollten Sie sich auf jeden Fall um einen Transporter kümmern. Und ganz wichtig: Auch Ihr Telefon- und Internetanschluss muss jetzt umgemeldet werden, wenn Sie von Anfang an in der neuen Wohnung erreichbar bleiben wollen. Besorgen Sie sich jetzt außerdem Umzugskartons.

CHECKLISTE

Festnetzumzug mit der Telekom

Für einen Umzugsauftrag für die Telekom brauchen Sie folgende Angaben:

- ☐ Ihre Kundennummer und die Festnetznummer. Die Kundennummer steht auf den Rechnungen.
- ☐ Ihre alte und die neue Adresse
- ☐ Möglichst die Telefonnummer und den Namen des Vormieters. Auf manchen Telefondosen steht auch eine sogenannte TAE- oder Home-ID-Nummer. Haben Sie das alles nicht zur Hand, wird ein Techniker bei Ihnen vorbeikommen müssen.
- ☐ Den Umzugstermin
- ☐ Eine Handynummer, um Terminabsprachen zu machen
- ☐ Die Typenbezeichnung Ihres Routers, die oft hinter oder unter dem Gerät steht.

Telefon und Internet ummelden oder wechseln

Die Telekom macht darauf aufmerksam, dass Sie für einen reibungslosen Umzug Ihrer Telefonnummer samt Internetzugang vier Wochen vorher Bescheid sagen müssen. Bei Vodafone beträgt die Zeit für ein DSL-Produkt sogar vier bis sechs Wochen. Bei der Telekom ist der Umzug des Telefons und Internetzugangs nur möglich, nachdem Sie mit der entsprechenden Hotline telefoniert haben beziehungsweise in einen Telekom-Shop gegangen sind. Bei Vodafone dagegen können Sie die Umzugsmeldung online in Ihrem Kundenportal machen.

Bei den Vorgaben für den Telefonumzug unterscheiden sich die Anbieter übrigens nur minimal (siehe Checkliste links „Festnetzumzug mit der Telekom"). Einige wollen noch genauere Informationen über die Lage der Wohnung haben, also beispielsweise ob sie im Vorder- oder Hinterhaus liegt, um welchen Raum es sich handelt oder in welchem Stockwerk Sie wohnen werden. Sonst sind die von der Telekom gefragten Informationen in der Regel auch für andere Anbieter wichtig.

Trotzdem kann sich die Vorgehensweise beim Umzug deutlich unterscheiden. Informieren Sie sich darum jetzt bei Ihrem Anbieter, was Sie bis wann und wie machen müssen, damit Sie am Ende nicht ohne Internet und Festnetz dastehen.

Übrigens: Wenn Sie mit einem Partner zusammenziehen, ist der Umzug kein Grund, dass Sie sofort aus Ihrem noch laufenden Vertrag aussteigen können. Schließlich könnten Sie in der gemeinsamen Wohnung sowohl Ihren Anschluss als auch den des Partners weiter nutzen. Dass Sie so im Zweifelsfall zwei Anschlüsse haben, interessiert die Unternehmen nicht: Sie müssen bis zum Ende der Vertragslaufzeit Ihre Gebühren bezahlen. Darum ist es wichtig, dass Sie oder Ihr Partner auf jeden Fall früh genug kündigen.

Vielleicht ist jetzt aber auch der richtige Zeitpunkt, den Telekommunikationsdienstleister zu wechseln. Dazu sollten Sie zuerst in Erfahrung bringen, wann Ihr Vertrag ausläuft, also zu welchem Termin Sie **den Vertrag kündigen** können.

Dann geht es um die Analyse Ihres eigenen Bedarfs und Ihres Telefonierverhaltens: Brauchen Sie überhaupt noch einen Festnetzanschluss? Wie viele Minuten telefonieren Sie im Schnitt im Monat? Wie viele in welches Mobilnetz, ins Festnetz, ins Ausland? Es gibt auch Anbieter, die gekoppelte Festnetz- und Mobilfunktarife anbieten und Pakete, in denen Telefonieren, Internet und Fernsehen zusammengefasst sind. Sie bieten übrigens das größte Sparpotenzial für diejenigen, die bisher über Kabel oder Internet fernsehen. Internetseiten wie die von Teltarif (**www.teltarif.de/tarife/telefonanschluss**) oder Verivox (**www.verivox.de/internet**) bieten online Vergleichsrechner, mit denen man nach dem passenden Telekommunikationspaket suchen kann – also beispielsweise Internet und Festnetz, auf Wunsch gekoppelt mit TV-Empfang. Achten Sie auch darauf, welcher der unterschiedlichen Tarife jedes einzelnen Anbieters für Sie am besten passt.

Was Sie über Komplettpakete wissen sollten

Grundsätzlich gibt es einige wenige überregionale Provider, die aber nicht zwingend in allen Bundesländern verfügbar sein müssen, sowie regionale Anbieter. Wenn Sie sich für einen Drei-in-eins-Tarif interessieren, also Internet, Telefon und TV in einem Paket, dann kostet Sie das bei einer Mindestlaufzeit von 24 Monaten zwischen 664 und 2 254 Euro (Stand 4/2017). Die Provider weisen in der Regel nur die Grundpreise aus, die oft nicht alle Ausgaben abdecken. Beispielsweise kommt manchmal für den TV-Empfang noch ein Receiver dazu, der nicht im Preis enthalten ist. Im schlimmsten Fall benötigen Sie für jedes Fernsehgerät einen solchen Receiver.
Vorsichtig sollten Sie bei Einstiegspreisen sein: Nach einer vorgegebenen Zeitspanne kann der Preis deutlich steigen. Falls Sie bisher via Satellit schauen, sollten Sie sich nicht für einen dieser Tarife entscheiden. Bei der Nutzung über Satellit haben Sie schließlich bereits ein entsprechendes Gerät gekauft, das Sie kostenlos nutzen können. Möglicherweise bietet der Vermieter auch Fernseh- und Radioempfang über das Kabel oder eine Antenne an. Klären Sie diese Frage, bevor Sie einen Vertrag unterschreiben.

Wenn Sie den passenden Anbieter gefunden haben, beauftragen Sie ihn mit der Kündigung des alten Vertrags. Möglicherweise bekommen Sie auf Ihr Kündigungsschreiben einen Rückgewinnungsanruf. Dabei wird der Telekommunikationsdienstleister versuchen, Sie zu halten. Oft unterbreitet er dabei ein besseres Angebot als das bisherige. Falls Sie eine Auftragsbestätigung bekommen, obwohl Sie das neue Angebot nicht angenommen haben, ist es sehr wichtig, dass Sie innerhalb der nächsten 14 Tage von Ihrem

Widerrufsrecht Gebrauch machen und dem Auftrag widersprechen.

Versuchen Sie, sich Fristen und Aufträge schriftlich bestätigen zu lassen. Dann haben Sie immerhin etwas in der Hand, wenn der Wechsel nicht wie erwartet gelingt.

Um Ihre Rufnummer mitzunehmen, müssen Sie unbedingt die sogenannten Nutzerbasisdaten beim neuen Anbieter genauso angeben, wie Sie das einst beim alten Anbieter gemacht haben. Also: Name und Adresse müssen identisch sein. Das klingt einfacher, als es tatsächlich ist. Typische Beispiele, an denen die sogenannte Rufnummernportierung, also die Mitnahme der Nummer, scheitern kann, finden Sie links in der Checkliste „So klappt die Rufnummernportierung".

CHECKLISTE

So klappt die Rufnummernportierung

→ Haben Sie mehrere Vornamen? Falls ja: Geben Sie beim neuen Anbieter die Vornamen an, die Sie auch beim alten angegeben haben. Steht beim alten Anbieter Kevin Michael, beim neuen aber nur Kevin, wird die Portierung nicht klappen.

→ Werden Ihre Vornamen mit Bindestrich gekoppelt? Es gibt einen Unterschied zwischen Anna Maria und Anna-Maria.

→ Schreibt sich Ihr Nachname mit ß oder ss? Mit ä, ü oder ö oder ae, ue oder oe? Achten Sie darauf, im Auftrag die gleiche Schreibweise zu benutzen wie bei den hinterlegten Daten.

→ Achten Sie auf die Schreibweise Ihrer Straße: Wohnen Sie in der Sankt-Nikolaus-Straße, der St.-Nikolaus-Straße oder der Sankt Nikolaus Str.?

Falls die Portierung nicht klappt: Bei der Bundesnetzagentur gibt es ein Beschwerdeformular (www.bundesnetzagentur.de/_tools/VSTK/Form01Beschwerde/SVNr1_Anbieterwechsel/node.html).

Wer wird Ihnen helfen?

Jetzt ist auch der richtige Zeitpunkt gekommen, um sich Helfer für den Umzug zu suchen. Sollen Familie und Freunde mit anpacken? Dann wird der Umzug sehr wahrscheinlich am Wochenende sein müssen, denn sonst müssten Ihre Helfer ebenfalls Urlaub nehmen, um Sie zu unterstützen. Beachten Sie, dass es in einigen Bundesländern Sonn- und Feiertagsgesetze gibt, die Möbelumzüge dann nicht erlauben.

Flexibler sind Sie grundsätzlich mit Helfern, die Sie bezahlen. In Hochschulstädten gibt es oft eine studentische Arbeitsvermittlung, über die Sie günstige Arbeitskräfte finden können. Neben dem Lohn müssen Sie dort auch eine Vermittlungsgebühr bezahlen. Studenten sind jedoch keine Profis. Das heißt allerdings nicht zwingend, dass sie schlechter arbeiten.

Wollen Sie den Hausrat von einer Umzugsfirma transportieren lassen, sollten Sie Freunde und Bekannte nach deren Erfahrungen befragen. Ist dort keine Empfehlung dabei, bleibt Ihnen nur, im Internet nach einem passenden Anbieter zu suchen. Lassen Sie sich drei Angebote schicken und vergleichen Sie sie. Mehr dazu lesen Sie auf Seite 127.

Umzugskartons und Transporter organisieren

Falls Sie Umzugskartons benötigen, sollten Sie sie jetzt kaufen. Neue finden Sie im Baumarkt, gebrauchte sind allerdings billiger. Suchen Sie auf Kleinanzeigenportalen wie Kalaydo und Ebay Kleinanzeigen danach: Viele Anbieter verschenken sie oder wollen nur wenig Geld dafür. Da Sie sie in aller Regel selbst abholen müssen, sollten Sie allerdings darauf achten, dass der Anbieter nicht zu weit von Ihnen weg wohnt. Sonst lohnt sich der Zeitaufwand nicht mehr, und die Benzinkosten sind höher als die Ersparnis.

Wenn Sie den Umzug selbst machen wollen, sollten Sie jetzt auch den passenden Umzugslaster reservieren. Denken Sie daran: Zum Monatsende kann speziell in kleineren Städten das Angebot knapp werden. Darum sollten Sie frühzeitig reservieren. Denken Sie daran, auch Haltegurte und eine Sackkarre zu leihen, wenn Sie beides benötigen. Mit der Tabelle auf Seite 22 können Sie grob abschätzen, wie viel Stauraum Sie benötigen. Auf Seite 23 finden Sie mehr Informationen dazu, was Sie beachten sollten, wenn Sie den Wagen abholen. Und auf Seite 127 können Sie die Angebote in einer Tabelle vergleichen.

Schlüsselübergabe, Mietzahlungen und Hotelzimmer buchen

Denken Sie daran, dass Sie die alte Wohnung übergeben müssen. Dazu finden Sie weitere Informationen auf Seite 39. Und auch für die neue Wohnung benötigen Sie einen Termin zur Schlüsselübergabe. Machen Sie beide Termine möglichst frühzeitig aus. Vielleicht ist jetzt schon ein guter Zeitpunkt dafür.

UNSER RAT

Mietwagen mit Sonderkonditionen

Manche Firmen haben mit Mietwagenverleihern für ihre Mitarbeiter besondere Konditionen ausgehandelt. Informieren Sie sich, ob Ihr Arbeitgeber auch solch einen Kooperationsvertrag geschlossen hat. Alternative: Falls Sie Mitglied im ADAC sind, bekommen Sie möglicherweise über diesen Weg Rabatte beim Leihen eines Transporters. Aber Achtung: Vergleichen Sie diese Sonderangebote immer mit den normalen Preisen. Es wäre nicht das erste Mal, dass Sie weniger zahlen, wenn Sie kein Stamm- oder Kooperationskunde sind. Gut vergleichen können Sie die Preise für einen Mietwagen übrigens auf der Internetseite www.billiger-mietwagen.de.

Außerdem können Sie jetzt auch schon den Dauerauftrag für die Mietzahlungen an den alten Vermieter kündigen. Natürlich muss er noch bis zum Ende des Mietvertrags sein Geld bekommen – aber damit Sie in den Wirren des eigentlichen Umzugs nicht vergessen, den Dauerauftrag zu kündigen, können Sie das jetzt schon tun. Gleichzeitig können Sie jetzt einen Dauerauftrag für die Zukunft einrichten, damit der neue Vermieter rechtzeitig Ihre Mietzahlungen bekommt.

Haben Sie eine Immobilie gekauft? Dann achten Sie darauf, dass Sie rechtzeitig einen Dauerauftrag an die Bank einrichten, die Ihnen den Kredit gewährt hat. Außerdem müssen Sie einen Dauerauftrag einrichten, damit die Eigentümergemeinschaft regelmäßig das Hausgeld bekommt. Eventuell zieht der Hausverwalter das Geld auch bei Ihnen ein. Fragen Sie ihn, wie hoch die Abschläge sind und welche Regelungen in Ihrer Eigentümergemeinschaft gelten.

Falls Sie einen Umzug in eine andere Stadt planen, kann es auch sein, dass Sie so spät am Abend ankommen, dass Sie

CHECKLISTE

Worauf Sie beim Mieten eines Transporters achten sollten

Es kommt nicht nur auf den Preis an. Möglicherweise ist nämlich bei einem höheren Preis schon die passende Versicherung dabei oder ein zweiter Fahrer erlaubt. Schauen Sie sich die Angebote darum genau an. Ein böses Erwachen kann erleben, wer

- ➔ den Wagen nicht dort abgibt, wo er ihn gemietet hat. Speziell bei einem Umzug kann das ja gut möglich sein.
- ➔ Bei den Zweitfahrern gilt: Die Regel ist, dass ein zweiter Fahrer zusätzlich kostet. Einige Anbieter verlangen für Ehepartner aber keine Zusatzgebühr.
- ➔ Auch bei der Kilometerbegrenzung gibt es Fallen: Manche Anbieter bieten zwar unbegrenzte Kilometer, haben sie aber pro Miettag begrenzt. Achten Sie darauf, dass Sie keine Begrenzung haben, insbesondere, wenn Sie sehr weit fahren müssen oder wenn Sie vorhaben, eine kurze Strecke sehr oft zurückzulegen.
- ➔ Achten Sie außerdem auf eine ausreichende Versicherung: Eine Vollkasko ohne Selbstbeteiligung ist sehr sinnvoll – und nicht unbedingt teurer als eine weniger gute Police. Die Deckungssumme der Haftpflichtversicherung sollte mindestens eine Million Euro betragen, besser noch mehr.

nicht mehr einziehen können oder wollen. Für diesen Zweck ist es sinnvoll, ein Hotelzimmer für die erste Nacht am neuen Wohnort und eventuell sogar noch für die letzte Nacht in der alten Stadt zu buchen. Je früher Sie das Hotelzimmer buchen, desto günstiger wird der Preis wahrscheinlich sein. Alternative: Legen Sie Isomatten und Schlafsäcke parat.

Drei Wochen vorher: Halteverbotsschilder organisieren

Während Sie weiter entrümpeln, den Termin für die Schlüsselübergabe nicht aus dem Blick verlieren und so langsam auch anfangen zu packen, ist jetzt der richtige Zeitpunkt für eine wirklich wichtige Sache: Sie müssen sich auf jeden Fall um die Halteverbotsschilder kümmern. Außerdem ist jetzt der richtige Zeitpunkt, sich ein erstes Mal mit dem Thema Strom in der neuen Wohnung auseinanderzusetzen.

Gerade in der Stadt kann ein Umzug schwierig werden, dann nämlich, wenn es eigentlich keinen Parkplatz für die Umzugswagen gibt. Sie können bei der Stadt einen Antrag auf eine Ausnahmegenehmigung stellen. Viele Großstädte brauchen mindestens 14 Tage, um Ihnen diese Genehmigung zu geben. Um sicher zu sein, dass Sie Ihre Genehmigung rechtzeitig bekommen, sollten Sie sich jetzt kümmern. Suchen Sie im Internet nach den Begriffen „Halteverbot Umzug" und ergänzen Sie den Namen Ihrer Stadt, dann sollten Sie unter den ersten Suchergebnissen auf die passende Internetseite stoßen. Dort finden Sie oft schon ein Antragsformular, das Sie online ausfüllen können. Manchmal müssen Sie es noch per Post oder Fax an die Stadtverwaltung zurückschicken. Die Städte verlangen für das Einrichten einer Halteverbotszone Gebühren. Zusätzlich müssen Sie mit einer Verwaltungsgebühr pro Umzugstag rechnen. Hinzu können weitere Gebühren kommen, wenn Sie einen Außenaufzug nutzen wollen, wenn mit der Polizei oder anderen Ämtern eine Abstimmung stattfinden muss, und vor allem auch, wenn es eine Ortsbesichtigung geben wird. Und dann müssen Sie auch noch die Halteverbotsschilder mieten – was ebenfalls Geld kostet.

Beachten Sie, dass Sie die Halteverbotszone mindestens vier Tage vor dem eigentlichen Umzugstag einrichten müssen oder vom beauftragten Unternehmen einrichten lassen müssen.

Woher wird Ihr Strom kommen?

Sie könnten jetzt auch einmal schauen, ob Ihr Stromanbieter auch in Ihrer neuen Heimat seine Dienste anbietet. Falls ja, müssen Sie nicht viel machen: Sie können in der Regel telefonisch oder per E-Mail den Strom ummelden, indem Sie Ihre Vertragsnummer und die neue Anschrift angeben.

Falls Sie aber mit Ihrem Anbieter nicht mehr zufrieden sind, oder Sie sich dafür interessieren, ob es ein günstigeres Angebot gibt, oder Ihr Dienstleister einfach am neuen Wohnort nicht verfügbar ist, dann müssen Sie den Stromanbieter wechseln. Wie Sie dazu vorgehen, lesen Sie ab Seite 88. Das können Sie in der Regel in aller Ruhe machen, nachdem der Umzug an sich überstanden ist. Wichtig ist jetzt nur, dass Sie einmal überprüfen, wie es künftig mit der Energieversorgung weitergehen könnte.

Zwei Wochen vorher: Viel zu erledigen

Jetzt wird es höchste Zeit, ins Detail zu gehen. Natürlich müssen Sie beginnen zu packen, Sie müssen Kinder und Haustiere eventuell für den Umzugstag irgendwo unterbringen. Und möglicherweise müssen Sie sich auch noch um Pflanzen kümmern. Langsam wird die Zeit knapp. Behalten Sie die Nerven.

Falls Sie noch nicht angefangen haben zu packen, wird es jetzt höchste Zeit. Nehmen Sie sich die Dinge vor, die Sie in den kommenden Tagen nicht mehr benötigen. Ziehen Sie im Sommer um, könnten das beispielsweise die Winterklamotten sein. Aber auch Bücher können Sie jetzt schon verpacken, einen Großteil des Geschirrs oder viele Spielsachen der Kinder. Denken Sie auch jetzt daran auszumisten: Was Sie nicht mehr benötigen, sollten Sie entweder in Kleinanzeigenportale einstellen oder beispielsweise zu sogenannten Give-Boxen oder Bücherschränken in den Städten bringen. Das sind kleine Buden am Straßenrand, wohin man das bringt, was man verschenken möchte. Jeder, der Bedarf hat, nimmt sich, was er braucht.

Zeichnen Sie einen Plan

Während sich die alte Wohnung leert, können Sie für die neue Pläne machen: Wo sollen welche Möbel stehen? Zeichnen Sie einen Stellplan für die neue Wohnung, tragen Sie dabei auch Steckdosen ein, denn sie spielen in der digitalen Zeit eine große Rolle. Falls vor einer Steckdose ein Schrank stehen soll, denken Sie darüber nach, ein Loch in dessen Rückwand zu schneiden oder ein Verlängerungskabel anzuschließen, bevor das Möbelstück davor gestellt wird.

Achten Sie darauf, dass alle Helfer ein Exemplar Ihres Plans bekommen – eventuell auch als Foto aufs Smartphone. Zusätzlich sollten Sie den Originalplan am Umzugstag groß ausgedruckt an die Wohnungstür hängen, damit sich alle dort jederzeit rückversichern können, was wohin gehört.

Was machen Sie mit Pflanzen und dem Garten?

Haben Sie in der alten Wohnung auch einen Garten? Müssen Sie dort noch etwas erledigen? Gibt es Pflanzen, die Sie mitnehmen wollen, oder Gemüse, das noch geerntet werden soll?

Falls Sie auch Pflanzen in der Wohnung haben, müssen diese natürlich den Umzug mitmachen. Dabei gilt: Je größer die Pflanze, desto schwieriger ist es, sie umzuziehen. Mehrere kleinere Blumentöpfe mit Pflanzen können Sie in einen großen, offenen Karton stellen und möglicherweise im Kofferraum Ihres Autos transportieren. Dabei sollten Sie aber die Zwischenräume im Karton ausstopfen. Um auf Nummer sicher zu gehen, können Sie auch jeden Blumentopf in eine Plastiktüte stellen und diese oben zuschnüren. Hierfür eignen sich Müllbeutel mit eingearbeitetem Zugband. So vermeiden Sie, dass sich die Erde im Kofferraum verteilt, wenn Sie zu schwungvoll in eine Kurve fahren. Große, schwere Pflanzen müssen dagegen im Transporter gefahren werden. Sie nehmen viel Platz weg. Überlegen Sie, ob Sie sie festbinden können, damit sie nicht umfallen. Und im Winter sollten die Pflanzen im ungeheizten Laderaum eines Transporters nicht erfrieren. Sie sind dann wenigstens gut mit Dämmfolie einzupacken.

Haben Sie schon jemanden, der nach den Kindern und Haustieren sieht?

Was machen Sie am Umzugstag mit Ihren Kindern? Sie sollten sie möglichst nicht auch noch beaufsichtigen müssen. Können Sie sie zu den Großeltern oder Tanten und Onkeln bringen? Oder haben vielleicht liebe Freunde Zeit, sich um sie zu kümmern? Alternativ müssten Sie einen Babysitter beauftragen – oder wenn die Kinder schon älter sind, können sie an diesem Tag vielleicht über Nacht bei ihren Freunden bleiben.

Sind die Kinder schon größer, können Sie sie einfach „mitlaufen" lassen. Auch wenn die Kinder am Umzugstag selbst vielleicht eher im Weg sind, versuchen Sie, sie in den Umzug einzubinden. Das erleichtert ihnen die Umstellung. Vielleicht können sie schon kleine Aufgaben übernehmen, beispielsweise Kisten packen. Außerdem können sie eventuell selbst entscheiden, welche Spielsachen ausgemistet werden sollten. Fragen Sie die Kinder außerdem, in welcher Farbe ihr Zimmer gestrichen werden soll, und versuchen Sie, auf die Wünsche einzugehen, die sie beim Aufstellen der Möbel äußern.

Falls Sie Haustiere haben, gilt auch für diese: Achten Sie darauf, dass sie am Umzugstag gut versorgt sind. Sie werden wahrscheinlich keine Zeit haben, Ihren Hund Gassi zu führen, die Katzen zu füttern und die Vögel frei fliegen zu lassen. Vielleicht können Sie die Tiere für einige Stunden bei Freunden oder Nachbarn lassen. Oder Sie beauftragen einen Tiersitter. Darum sollten Sie sich am besten jetzt schon kümmern.

Denken Sie an das neue Badezimmer

Sie können auch schon über die neue Wohnung nachdenken: Falls Sie keine Duschkabine im neuen Bad haben, ist es sinnvoll, jetzt schon den neuen Duschvorhang mit der passenden Aufhängung zu besorgen. Dann können Sie nämlich am ersten Morgen in der neuen Wohnung schon ganz bequem duschen. Auch neue Toilettensitze können Sie jetzt schon kaufen, wenn Sie die benötigten Maße kennen.

Wenn Sie sowieso schon einkaufen: Wie wäre es, wenn Sie jetzt schon ausreichend Wasser für die Helfer einpacken und eventuell auch Einweggeschirr für den Umzugstag? Statt aus Plastik nehmen Sie lieber Produkte aus Bambus oder Papier.

Möglicherweise können Sie jetzt auch schon abgepackte Snacks mitnehmen, die Sie brauchen, wenn die Mägen der Helfer und Ihr eigener sich melden.

Eine Woche vorher: Jetzt wird's ernst

Langsam dürfte es in Ihrer alten Wohnung ungemütlich werden: Sie haben viel verkauft, eine ganze Menge ist schon eingepackt. Wichtig ist jetzt, dass Sie beginnen, die Möbel abzubauen. Außerdem sollten Sie sich um einen Nachsendeantrag kümmern.

Jetzt geht's ans Eingemachte: Beginnen Sie damit, die Möbel abzubauen. Je mehr Regale und Schränke leergeräumt sind, desto mehr können Sie schon in Ruhe auseinanderschrauben. So wohnen Sie zwar vielleicht einige Tage in einer Baustelle, aber das geht vorbei. Und es nimmt Ihnen etwas von dem zeitlichen Druck am Umzugstag selbst.

Achten Sie beim Abbauen darauf, alle Schrauben und sonstigen Kleinteile zu jedem Schrank in eine kleine Tüte zu legen. Gefrierbeutel eignen sich dafür besonders gut. Befestigen Sie diese mit Klebeband auf der Rückseite des zugehörigen Schrankes oder in einer Schublade. Für den Fall, dass der Beutel abfällt: Schreiben Sie mit wasserfestem Stift darauf, zu welchem Schrank er gehört und für welches Zimmer er gedacht ist.

Nachsendeantrag stellen

Damit Ihre Post Sie weiterhin erreicht, müssen Sie jetzt einen Nachsendeantrag bei der Deutschen Post stellen. Er kostet ab 19,90 Euro für 6 Monate. Falls Sie ein Jahr lang Ihre Post nachgeschickt bekommen wollen, kostet das fast 35 Euro.

Falls Sie nach Ablauf der gewählten Zeit Ihren Antrag verlängern wollen, ist auch das möglich. Sie können diesen Antrag über das Internet (**www.deutschepost.de/de/n/nachsendeservice.html**) in Auftrag geben. Falls Sie auch Ihre Pakete nachgeschickt bekommen wollen, kostet das zusätzlich.

Den Termin zur Schlüsselübergabe im Blick

Haben Sie in der Zwischenzeit einen Termin zur Schlüsselübergabe? Falls nein, wird es jetzt allerhöchste Zeit, nochmals nachzufragen. Sonst zahlen Sie im Zweifelsfall für die alte Wohnung länger als geplant Miete, oder können in die neue noch nicht einziehen. Dazu lesen Sie mehr auf Seite 25.

Sobald Sie die Schlüssel haben, können Sie mit den Handwerkern einen Termin ausmachen oder selbst die neue Wohnung so herrichten, wie Sie es sich wünschen. Rechnen Sie ausreichend Puffer ein. Zur Not machen Sie den Umzug, ohne dass die neue Wohnung fertig ist. Dann müssen Sie eben Kisten in der Wohnung hin und her räumen oder zwischenlagern (siehe Seite 28). Auch diese Zeit geht vorbei.

Vier Tage vor dem Umzug – Countdown

Der Puls ist hoch? Kein Wunder. Die letzten Tage vor einem Umzug sind immer sehr aufregend. Ganz wichtig ist jetzt, dass Sie die Halteverbotszone einrichten und persönliche Dinge einpacken.

Nicht vergessen! Sie müssen vier Tage vor dem Umzug die Halteverbotszone einrichten oder einrichten lassen. Sonst dürfen Sie am Umzugstag keine Autos auf Kosten der Besitzer abschleppen lassen, die trotz Halteverbots dort geparkt sind. Das hat das Bundesverwaltungsgericht Leipzig entschieden (BVerwG 3 C 25.16). Demnach müssen die Halteverbotsschilder drei volle Tage vor dem Gültigkeitstermin stehen. Halten Sie sich nicht an diese Frist, müssen Sie die Abschleppkosten und Gebühren übernehmen.

➔ Außerdem sollten (Sie für) alle Familienmitglieder einen Koffer packen, in dem die wichtigsten Dinge für die ersten ein oder zwei Nächte sind: frische Unterwäsche, saubere Kleidung, Handtücher, Hygieneartikel, wichtige Medikamente, eventuell Babynahrung.

➔ Hilfreich ist außerdem eine Kiste mit Dingen, die man bei jedem Umzug brauchen wird: Pflaster, Taschentücher und Toilettenpapier, für jeden ein Liter Wasser und vielleicht auch noch einige Snacks.

➔ Außerdem ist es sinnvoll, sich eine Werkzeugkiste mit den wichtigsten Dingen zurechtzulegen: Hammer, Schraubendreher, Zange, Phasenprüfer. Den Phasen- oder Spannungsprüfer benötigen Sie, um zu sehen, ob Strom auf einer Leitung ist, bevor Sie eine Glühbirne oder Lampe anschließen. Er sieht aus wie ein Schraubendreher, hat aber einen transparenten hinteren Teil. Leuchtet dieser bei Kontakt mit einer Stromquelle auf, sollten Sie die Finger davon lassen und den Strom im Raum abschalten (am besten am Sicherungskasten).

Achten Sie beim Umzug darauf, dass diese Kisten zuletzt eingeladen werden, damit Sie sie in der neuen Wohnung sofort parat haben.

Und haben Sie ausreichend Wasser für Ihre Helfer eingekauft? Nehmen Sie auch Bargeld mit, damit Sie beim Lieferservice das bestellte Essen bezahlen können, falls Sie nicht schon online mit der Kreditkarte bezahlt haben.

Gefrierfach abtauen, Waschmaschine versorgen

Zwei Tage vor dem eigentlichen Umzug sollten Sie daran denken, den Kühlschrank frühzeitig vom Strom zu nehmen und das Eisfach oder die Gefriertruhe abzutauen. Sonst können Sie die Geräte nicht transportieren.

Bei der Wasch- und der Spülmaschine sollten Sie darauf achten, dass Sie das Wasser aus den Schläuchen ablassen. Sie können diese entweder mit einem Pfropf verschließen oder eine Plastiktüte mit Gummibändern über die Schlauchenden stülpen. Bei der Waschmaschine sollten Sie außerdem die Transportsicherung nicht vergessen. Das sind in der Regel zwei bis vier lange Schrauben, die Sie beim Kauf mitbekommen haben. Die müssen Sie jetzt wieder einschrauben, um die Wäschetrommel zu fixieren. Auch im Trockner ist oft ein Behälter mit Wasser, den Sie leeren sollten, bevor Sie ihn bewegen.

Jetzt sind Sie bestens auf den großen Umzugstag vorbereitet.

Die alte Wohnung

Bei einem Umzug geht es immer darum, die alte Wohnung abzuwickeln und die neue bezugsfähig zu machen. Bei der alten Wohnung müssen Sie außerdem Fristen beachten, wenn Sie den Mietvertrag kündigen. Lesen Sie hier, wie Sie die alte Wohnung ordnungsgemäß an den Vermieter zurückgeben.

So kündigen Sie den Mietvertrag

Sobald Sie den neuen Mietvertrag unterschrieben haben, müssen Sie die alte Wohnung kündigen. Das geht in der Regel mit einer Frist von drei Monaten. Früher galten je nach Mietdauer unterschiedlich lange Fristen, das hat sich jedoch schon vor einigen Jahren geändert. Sollten Sie also noch einen sehr alten Mietvertrag haben, in dem längere Fristen stehen: Sie haben keine Gültigkeit mehr.

Das gehört in die **ordentliche Kündigung**: Briefkopf mit der Adresse des Vermieters, Ihre Absenderangaben, Ort und Datum, an dem Sie den Brief schreiben.

Betreffzeile mit Anlass Ihres Schreibens, der Adresse Ihrer Mietwohnung und dem Datum, zu dem der Mietvertrag geschlossen wurde.

Nach der Anrede schreiben Sie dann: „Hiermit kündige(n) ich/wir meinen/unseren Mietvertrag vom (Datum einfügen) für die Wohnung in der XY-Straße in xy-Stadt unter Einhaltung der vorgeschriebenen Kündigungsfrist von ___ Monaten zum ______, hilfsweise zum nächstzulässigen Termin. Bitte bestätigen Sie außerdem schriftlich, dass Sie von der Einzugsermächtigung nach dem oben mitgeteilten Ende des Mietverhältnisses keinen Gebrauch mehr machen werden.

Mit freundlichen Grüßen ..." – und unterschreiben Sie mit Datum.

Zur regulären Drei-Monats-Frist für Mietvertragskündigungen gibt es auch Ausnahmen:

- → Sie haben mit dem Vermieter etwas anderes vereinbart, und es handelt sich nicht um einen Standardmietvertrag mit vorformulierten Klauseln.
- → Sie haben einen Zeitvertrag unterschrieben: Er endet von selbst zu dem Datum, das im Mietvertrag genannt wird.

UNSER RAT

Kündigungsfristen!

Die ordentliche Kündigung eines unbefristeten Mietvertrags muss dem Vermieter immer bis zum dritten Werktag eines Monats zugehen, damit Sie drei Monate später ausziehen können. Wollen Sie also zum 31. August ausziehen, muss die Kündigung spätestens am 3. Juni beim Vermieter sein. Wollen Sie erst zum Jahresende ausziehen, ist der Stichtag der 4. Oktober, weil der 3. ein Feiertag ist. Achtung, auch der Samstag zählt als Werktag!

Besser ist es grundsätzlich, wenn Sie Ihre Mietvertragskündigung so früh losschicken, dass überhaupt keine Probleme wegen der Frist entstehen können. Auf Nummer Sicher gehen Sie übrigens, wenn Sie Ihre Kündigung per Einwurfeinschreiben schicken. Außerdem können Sie jetzt schon den Dauerauftrag zum Ende der Mietzeit kündigen.

→ Sie nutzen das Sonderkündigungsrecht nach einer Mieterhöhung und kündigen darum schon zum Ende des übernächsten Monats.
→ Sie kündigen außerordentlich fristlos, weil es gravierende Mängel in Zusammenhang mit der Wohnung gibt. Beispielsweise weil sie verschimmelt ist oder der Vermieter die Nebenkostenabrechnung gefälscht hat.

Den Briefkopf gestalten Sie dann wie bei der ordentlichen Kündigung auf Seite 56.

Der Brieftext muss hier heißen: „Hiermit kündige(n) ich/wir meinen/unseren Mietvertrag vom (Datum einfügen) für die Wohnung in der XY-Straße in xy-Stadt außerordentlich fristlos mit sofortiger Wirkung, hilfsweise zum nächstzulässigen Termin.

Bitte bestätigen Sie mir/uns den Erhalt der Kündigung sowie das oben genannte Datum zur Beendigung unseres Mietverhältnisses schriftlich.

Ich/wir widerrufe/n hiermit außerdem mit sofortiger Wirkung die erteilte Einzugsermächtigung zur Abbuchung des monatlichen Mietzinses vom Konto xyz.

Bitte bestätigen Sie außerdem schriftlich, dass Sie von der Einzugsermächtigung nach dem oben mitgeteilten Ende des Mietverhältnisses keinen Gebrauch mehr machen werden."

Nennen Sie dann die Gründe für die außerordentliche Kündigung. Beenden Sie den Brief wie auf Seite 56.

Die sichere Zustellung

Wenn Sie Probleme befürchten, nehmen Sie gleich die sicherste Variante der Zustellung, die Zustellung durch den Gerichtsvollzieher. Bei jedem Amtsgericht des Wohnorts oder des Wohnbezirks des Vermieters finden Sie den in Ihrem Fall zuständigen Gerichtsvollzieher. Sie suchen das entsprechende Amtsgericht heraus, senden einen Brief an die dortige Gerichtsvollzieherverteilerstelle und übermitteln das zuzustellende Kündigungsschreiben mit der Bitte um Zustellung. Nach der Zustellung werden Ihnen die Kosten in Rechnung gestellt. In der Regel bewegen sich diese im Rahmen von etwa 20 Euro.

Sonderfall Wohngemeinschaft: Falls Sie in einer Wohngemeinschaft leben, kommt es darauf an, ob jeder Mieter einen eigenen Mietvertrag geschlossen hat, den er einfach so kündigen kann, oder ob es einen Hauptmieter gibt. Kündigt der Hauptmieter, bedeutet das zumindest in der Theorie, dass alle Mitbewohner ausziehen müssen.
Zu vielen dieser Punkte finden Sie ausführlichere Informationen im Buch „Das Mieter-Set".

Sobald Ihr Vermieter von Ihrer Kündigung weiß, sollten Sie mit ihm die organisatorischen Abläufe besprechen:
→ Wann wird er die Wohnung inserieren?
→ Welcher Termin passt Ihnen beiden für Wohnungsbesichtigungen?
→ Müssen Sie Schönheitsreparaturen durchführen?
→ Soll der Nachmieter eine Ablösesumme bezahlen?
→ Wann wollen Sie die Schlüsselübergabe machen?

Die Sache mit den Nachmietern

Die neue Wohnung ist frei, Sie können sofort einziehen, müssen dann aber wegen der üblichen Kündigungsfristen drei Monate doppelt Miete zahlen? Das wird teuer. Hartnäckig hält sich das Gerücht, Sie müssten Ihrem Vermieter nur drei passende Nachmieter präsentieren, und schon dürften Sie früher aus dem Vertrag aussteigen. Das stimmt so nicht. Sie müssen sich an die Fristen im Mietvertrag halten.

Sie können natürlich mit Ihrem Vermieter sprechen, ob er sich darauf einlässt, dass Sie einen Nachmieter finden und so früher ausziehen. Er muss allerdings weder Ihren Wunsch erfüllen noch potenzielle Nachmieter akzeptieren. Im Zweifel haben Sie also mit Besichtigungsterminen viel Stress, ziehen daraus aber keinen Nutzen. Lässt er sich auf Ihren Vorschlag ein, sollten Sie die Zahl der Nachmieter vereinbaren, die Sie maximal präsentieren müssen. Klären Sie auch, welche Informationen der Vermieter über die Bewerber vorgelegt bekommen möchte, also zum Beispiel Einkommensnachweise oder eine Auskunft des Vorvermieters.

Etwas anders ist die Situation, wenn Sie einen Zeitmietvertrag haben und dieser noch sehr lange läuft. Dann gibt es Ausnahmen, wenn Sie ein berechtigtes Interesse haben. Das liegt zum Beispiel dann vor, wenn Sie als Mieter ins Pflegeheim ziehen, der Beruf Sie in eine andere Stadt führt oder Sie heiraten wollen oder gemeinsam mit Ihrem Partner ein Kind erwarten und die Wohnung durch die Familienvergrößerung eindeutig zu klein wird.

Der Nachmieter gilt in diesem Fall als geeignet, wenn er in der Lage ist, die Miete regelmäßig und pünktlich zu bezahlen. Der Vermieter muss den neuen Mieter trotzdem nicht akzeptieren. Er muss sich allerdings innerhalb von drei Monaten entscheiden. Und wenn der Nachmieter geeignet und bereit ist, in den Vertrag einzutreten, der Vermieter ihn aber nicht akzeptiert, sind Sie trotzdem von Ihrer Vertragspflicht befreit. Sie müssen dann also nicht weiter Miete bezahlen.

Falls Sie kein berechtigtes Interesse an einer frühzeitigen Beendigung des Mietverhältnisses belegen können, fragen Sie Ihren Vermieter, ob Sie die Wohnung für die restliche Zeit bis zum Vertragsende untervermieten dürfen. Das kann der Vermieter kaum ablehnen.

Schneller einen Nachmieter oder Käufer finden

Um schneller einen Käufer, einen Mieter oder einen Nachmieter zu finden, lohnt es sich, sich mit dem Begriff Home Staging auseinanderzusetzen. Damit ist gemeint, dass man die betreffende Immobilie richtig in Szene setzt. Das ist vor allem dann sinnvoll, wenn die Wohnung oder das Haus in einer Region liegt, in der es schwierig ist, einen Nachfolger zu finden.

Der erste Schritt beim Home Staging besteht darin, gründlich sauberzumachen. Dazu kann gehören, dass man neben den üblichen Aufräum- und Putzaktionen den Teppichboden, die Heizkörper und die Rollläden von außen reinigt. Auch die Fugen im Bad sollte man mit einem entsprechenden Reiniger säubern. Kurz vor einem Besichtigungstermin ist Lüften wichtig, denn es sollte weder nach Essen noch nach Haustier oder Zigarettenrauch riechen.

Im zweiten Schritt geht es darum, sehr persönliche Lieblingsstücke zu entfernen – Familienbilder auf dem Sideboard, auffällige Dekoration oder auch das ein oder andere Möbelstück. Die Wohnung soll am besten so aussehen wie in einem Möbelkatalog oder Einrichtungshaus – damit können sich die meisten Interessenten gut identifizieren.

Falls die Wohnung eher dunkel ist: Machen Sie Licht an. Ist die Immobilie so hergerichtet, kann man sie auch fotografieren, um die Wohnung oder das Haus in einem Exposé oder Internetportal zu präsentieren.

Schönheitsreparaturen: ja oder nein?

Ein Blick in den Mietvertrag der alten Wohnung zeigt schnell, ob Sie Schönheitsreparaturen machen müssen oder nicht. Falls Sie sie zum Auszug durchführen müssen, können Sie selbst den Pinsel schwingen oder ein Unternehmen beauftragen. Hier finden Sie weitere Informationen rund um dieses Thema.

Schönheitsreparaturen sollen die Folgen und Abnutzungserscheinungen des normalen Wohnens ausbessern bzw. beheben. Zu ihnen zählt man:

- Streichen der Wände,
- Streichen der Heizkörper und Heizungsrohre,
- Streichen der Innentüren, der Fensterrahmen und der Innenseite der Außentüren.

Nicht zu den Schönheitsreparaturen gehört beispielsweise

- das Abschleifen und Versiegeln eines Parkettbodens,
- ein neuer Teppichboden,
- das Ersetzen einer alten, stumpf gewordenen Badewanne.

Grundsätzlich gilt: Wenn Sie die Wohnung nicht frisch renoviert übernommen haben, müssen Sie zum Auszug auch keine Schönheitsreparaturen durchführen. War die Wohnung dagegen ganz neu renoviert, kann es sein, dass Sie Schönheitsreparaturen beim Auszug durchführen müssen. Dabei kommt es darauf an, was genau in Ihrem Mietvertrag steht, denn in den vergangenen Jahren sind viele Vertragsklauseln zu diesem Thema von deutschen Gerichten gekippt worden. Dazu gehören beispielsweise Klauseln, ...

- in denen Arbeiten genannt werden, die eben keine Schönheitsreparaturen sind,
- mit starren Fristen, die eine Schönheitsreparatur zu einem bestimmten Zeitpunkt vorsehen, obwohl das nicht notwendig ist,
- mit Bestimmungen zur Ausführung durch eine Fachfirma.

Im August 2018 bestätigte der Bundesgerichtshof (BGH) seine Rechtsprechung erneut: Ein Nachmieter übernahm vom Vormieter einige Gegenstände und den Teppichboden. Als Gegenleistung verzichtete er darauf, dass der Vormieter Schönheitsreparaturen durchführte, und versprach, bei seinem Auszug trotzdem zu streichen. Das tat er auch – allerdings nicht ausreichend gut, wie der Vermieter bemängelte. Der beauftragte daraufhin einen Handwerker und stellte die Kosten dem Mieter in Rechnung. Zu Unrecht, wie der BGH urteilte: Wer eine nicht-renovierte Wohnung übernimmt, muss selbst beim Auszug keine Schönheitsreparaturen durchführen. Auch dann nicht, wenn er es versprochen hat. Aktenzeichen: VIII ZR 277/16.

UNSER RAT

Rechtliche Beratung

Prüfen Sie sowohl Ihren alten als auch den neuen Mietvertrag. Sollten dort Klauseln stehen, die Sie merkwürdig finden, kann es sinnvoll sein, den Rat eines Juristen einzuholen. Falls Sie Mitglied im Mieterbund sind, können Sie Ihren Vertrag dort überprüfen lassen.

Falls Sie die Wohnung tapeziert haben, als Sie eingezogen sind, kann der Vermieter Sie übrigens auch nicht zwingen, die Tapeten beim Auszug wieder zu entfernen. Auch dazu gibt es ein BGH-Urteil: VIII ZR 152/05.

Machen lassen oder selbst machen?

Bei den Schönheitsreparaturen ist es ähnlich wie beim Umzug an sich: Wenn Sie sie machen lassen, wird es teuer. Wenn Sie selbst die alte und eventuell sogar die neue Wohnung (in den Farben Ihrer Wahl) streichen wollen, brauchen Sie viel Zeit. Außerdem gibt es Menschen, die gerne handwerkliche Arbeiten ausführen, andere haben zwei linke Hände. Sie müssen selbst wissen, was zu Ihnen passt.

Wenn Sie selbst streichen wollen, brauchen Sie zunächst viele Utensilien. Wie viel Malerkreppband, Farbe und Abdeckfolie benötige ich? Auf Seite 137 finden Sie die Checkliste „Einkaufsliste für die Renovierung“, mit der Sie im Baumarkt einkaufen gehen können.

➔ **Mit Malerkreppband** werden alle Kanten abgeklebt, die nicht von der jeweiligen Wandfarbe erfasst werden sollen, beim Malern von Wänden also auf jeden Fall die Kanten zur Decke. Am Boden kleben Sie die Fußbodenleisten ab. Außerdem natürlich die Tür- und Fensterrahmen, Heizkörper und Ähnliches.

Rechnen Sie für die Kreppbandmenge dementsprechend zweimal den Umfang des Raumes plus die Konturen von Fenstern und Türen zusammen. Wenn Sie dann noch 20 Prozent Puffer einkalkulieren, werden Sie mit der gekauften Menge Malerkreppband auskommen.

➔ **Die Menge der Farbe** ist abhängig von der Fläche der Wände und Decken, dem Untergrund, aber auch der Deckkraft, die Sie erreichen wollen. Stiftung Warentest hat 33 weiße Wandfarben getestet. Im Internet (**www.test.de/Wandfarbe-im-Test-4366850–0**) können Sie den Test gegen eine Gebühr von drei Euro herunterladen.

Grundsätzlich rechnen Sie für jeden Raum die Länge aller Wände x die Höhe der Wände. Die Flächen von durchschnittlich großen Fenstern können Sie vernachlässigen, für Türen können Sie 2 Quadratmeter abziehen. Für die Decke ist die Grundfläche des Raumes anzusetzen.

Auf jedem Farbeimer steht, wie viel Farbe Sie pro Quadratmeter verbrauchen. Darum multiplizieren Sie das Ergebnis Ihrer Wand- und Deckenflächenberechnung mit dieser Angabe. Zur Sicherheit sollten Sie einen Puffer von 20 Prozent einplanen.

Ein Rechenbeispiel: Ihre Wand ist 4 Meter lang und 2,50 Meter hoch. Dann beträgt die zu streichende Fläche 4 m x 2,5 m = 10 qm.

Auf dem Farbeimer steht, dass man pro Quadratmeter mit 140 Millilitern rechnen soll. Dann rechnen Sie 10 qm x 0,14 l/qm = 1,40 Liter Farbe.

Jetzt müssen Sie noch den Puffer berechnen: 1,40 x 1,20 = 1,68 Liter. Dementsprechend kaufen Sie also etwa 2 Liter Farbe für die berechnete Wand.

Wenn die Wand stark farbig gestrichen ist und zum Auszug weiß sein soll, müssen Sie damit rechnen, dass diese Wandflächen zwei Mal gemalert werden müssen, wodurch sich der Bedarf an Wandfarbe verdoppelt. Das gilt auch, wenn in einer Wohnung viel geraucht wurde.

Nun besteht ein Raum in der Regel aus vier Wänden und einer Decke, die gestrichen werden müssen. Dementsprechend müssen Sie für jede Wand die nötige Farbmenge errechnen und das Ergebnis am Ende addieren. Für die Fläche der Decke können Sie spiegelgleich die Fläche des Fußbodens nehmen – zumindest, wenn Sie keine Dachschrägen haben. Auf Seite 139 finden Sie eine Tabelle, in die Sie die entsprechenden Werte eintragen können. Damit bestimmen Sie relativ einfach, wie viel Farbe Sie benötigen. Die Flächenberechnung können Sie natürlich auch für den Einkauf von Tapetenrollen verwenden, sollte das nötig sein.

→ S. 139

Ausfüllhilfe Wandfarbe

Tragen Sie für jede Wand das Ergebnis ein, das Sie ausgemessen haben. Rechnen Sie jeweils Länge mal Breite. Addieren Sie in der letzten Spalte alle Werte für ein Zimmer. Addieren Sie zum Schluss alle Werte der letzten Spalte in der letzten Zeile. Multiplizieren Sie das Ergebnis mit den Angaben zur Farbmenge auf dem Farbeimer. Rechnen Sie dann einen Puffer von 20 Prozent dazu.

→ Bei der **Berechnung der Abdeckfolie** spielt eine Rolle, ob die Wohnung schon leer ist, oder ob Sie auch Möbel abdecken müssen. Hat Ihre Wohnung eine Grundfläche von 90 Quadratmetern, benötigen Sie auf jeden Fall ausreichend Folie für diese Fläche. Müssen Sie auch Möbel abdecken, brauchen Sie deutlich mehr Folie. Kalkulieren Sie nicht zu knapp, denn Farbkleckser an den falschen Stellen sind ärgerlich und können teuer werden.

Auf Seite 137 finden Sie eine Tabelle, in der Sie sehen, mit welchen Preisspannen Sie bei den Produkten rechnen müssen. So können Sie die Kosten für die Schönheitsreparaturen besser kalkulieren und eventuell mit einem Angebot eines Profis vergleichen.

→ S. 137

Ausfüllhilfe Einkaufsliste für die Renovierung

Tragen Sie in die Spalte „Benötigte Menge“ ein, wie viel Farbe, Kreppband und wie viele Pinsel Sie benötigen. Bei der Berechnung der Farbmenge hilft Ihnen die Tabelle auf Seite 139. In der Spalte „Kostenschätzung“ sehen Sie dann, mit welchen Kosten Sie in Ihrem individuellen Fall rechnen müssen. Daneben können Sie eintragen, welche Summe Sie tatsächlich ausgegeben haben. Eine solche Übersicht kann sinnvoll sein, wenn es darum geht, die Umzugskosten als Werbungskosten bei einem beruflich veranlassten Umzug steuerlich geltend zu machen.

Bevor Sie den Pinsel schwingen, müssen Sie die Fußleisten abschrauben oder abkleben. Falls Sie abkleben, sollten Sie das Klebeband gut festreiben, damit möglichst wenig Farbe dahinter läuft. Nach dem Malern sollten Sie Klebebänder übrigens zügig entfernen.

Ist die Farbe erst einmal gut getrocknet, kann durch das Abreißen durch die splitternde Farbschicht eine ungleichmäßige Kante entstehen.

Kleben Sie außerdem die Tür- und Fensterrahmen ab. Auch Steckdosen sollten Sie entweder komplett abkleben oder abschrauben. Niemals überstreichen! Vergessen Sie nicht, dass hier Strom fließt. Planen Sie für diese vorbereitenden Arbeiten genügend Zeit ein.

Dann sollten Sie den Boden mit der Abdeckfolie und wenn möglich auch Malervlies abdecken, damit keine Farbspritzer auf den Teppichboden oder das Parkett kommen. Malervlies ist natürlich viel teurer als Abdeckfolie, aber auch robuster. Sind die Farbkleckse getrocknet, kann es mehrfach verwendet werden.

Haben Sie den Boden entsprechend abgedeckt, können Sie sich mit den Wänden auseinandersetzen.

Tipps zum Streichen

Zunächst müssen Sie die Wände glätten, denn Löcher und Putzschäden lassen sich mit Farbe meist nicht kaschieren. Im Gegenteil fallen sie nach dem Anstrich oft noch mehr ins Auge als vorher. Planen Sie daher reichlich Zeit fürs **gründliche Vorbereiten** ein:

Ziehen Sie alte Nägel und Dübel aus der Wand. Falls Sie den Dübel nicht herausbekommen, versuchen Sie, ihn tiefer in die Wand zu schlagen oder die hervorstehenden Ränder mit einem Teppichmesser wegzuschneiden. Der Dübel darf auf keinen Fall überragen.

Die Löcher und eventuelle Risse mit Spachtelmasse schließen, Unebenheiten mit einer Kelle glätten und danach schleifen. Zum Schluss absaugen, um Staub zu entfernen. Je heller der Raum ausgeleuchtet ist, desto leichter werden Sie sehen, wo die Problemstellen der Wand sind.

Achten Sie auch auf abblätternde alte Farbreste und insbesondere alte Leimfarben, weil die neue Farbe darauf nicht haftet und alte Farbkrümel die Rolle verschmutzen. Wischen Sie Kritzeleien und Fingerspuren von den Wänden ab. So sparen Sie Farbe. Oft reicht fürs Reinigen ein feuchter Schwamm.

Inspizieren Sie dann die Tapetenkanten: Sie sollten sorgfältig angeklebt sein. Fehlenden Kleister kann später die Farbe nicht ersetzen.

Ist der Untergrund in einer anderen Farbe als weiß gestrichen, und saugt er Farbe stark ein, sollten Sie mit stark verdünnter Farbe vorstreichen. Dann wird der folgende Anstrich gleichmäßiger werden.

Falls Sie Wasser- oder Schimmelflecken in der Wand feststellen, sollten Sie den Vermieter informieren. Es ist niemandem geholfen, wenn Sie diese einfach überstreichen.

Bevor Sie mit dem Streichen beginnen, müssen Sie die Farbe gut umrühren. Folgen Sie den Anweisungen auf Ihrem Farbeimer.

Beginnen Sie beim Malern mit der Decke. Wenn Sie über Ihrem Kopf arbeiten, sollte eine Brille Ihre Augen vor Tropfen schützen, und auch eine Mütze kann sinnvoll sein.

Grundsätzlich streicht man von außen nach innen. Das heißt, Sie sollten mit einer kleinen Rolle und einem flachen Pinsel zunächst die Ecken und Kanten streichen, und sich dann ins Innere vorarbeiten. Dort streichen Sie mit der großen Rolle mit der entsprechenden Verlängerung des Stiels.

Die Rollen sollten Sie zunächst mit Wasser leicht anfeuchten, dann vorsichtig auf der Farboberfläche mit Farbe benetzen, auf dem Abstreifgitter abrollen und dann die Farbe gleichmäßig auf die Tapete bzw. den Untergrund aufbringen. Dazu rollen Sie sowohl immer in eine Richtung als auch kreuzweise über die Tapete, um eine möglichst homogene Farbfläche zu schaffen.

Wenn Sie eine längere Pause machen müssen, verschließen Sie den Farbeimer gut. Den Farbroller, den Pinsel und das Abstreifgitter lagern Sie am besten in Plastiktüten, damit die Farbe nicht eintrocknet.

Fertig? Dann inspizieren Sie Fenster- und Türrahmen, Heizkörper sowie den Boden auf Farbspritzer. Auf glatten Flächen lässt sich frische Wandfarbe noch leicht mit einem feuchten Schwamm entfernen. Angetrocknet wird ein Plastikschaber nötig. Allerdings kann man damit empfindlichere Oberflächen schnell verkratzen. Seien Sie damit also vorsichtig.

Wenn Farbe übrig ist, sollten Sie sie noch einige Zeit aufbewahren. Vielleicht können Sie damit noch Flecken streichen, die erst nach dem Trocknen sichtbar wurden. Danach können Sie den Farbeimer einfach geöffnet im Keller oder auf dem Balkon stehen lassen. Sobald er ausgetrocknet ist, kann er in den Hausmüll. Ist sehr viel Farbe übrig, müssen Sie den Eimer als Sondermüll entsorgen lassen. Ein Recyclinghof kann da der richtige Ansprechpartner sein.

Maler beauftragen

Falls Sie sich das nicht zutrauen oder einfach keine Zeit haben, selbst zu streichen, suchen Sie sich einen Maler, der die Arbeit übernimmt. Das allerdings ist oft leichter gesagt als getan. Denn der Handwerker soll seinen Job nicht nur gut machen, sondern natürlich auch möglichst günstig. Wichtig ist es darum, immer mehrere Angebote einzuholen. Die Differenz kann durchaus mehrere Hundert Euro betragen.

Doch um ein Angebot anfordern zu können, benötigt man zunächst einmal Namen von Handwerkern. Am besten fragen Sie zuerst einmal im Bekanntenkreis – beispielsweise, indem Sie bei Facebook einen Post zum Thema veröffentlichen oder WhatsApp-Gruppen mit Freunden nutzen. Handwerker findet man manchmal auch über die Handwerkskammern und Innungen. Diese haben auf ihrer Internetseite oft eine Datenbank mit den Namen ihrer Mitglieder. Das muss jedoch keine Garantie für Qualität sein, denn aufgenommen wird dort, wer die rechtlichen Voraussetzungen erfüllt. Auch Zusammenschlüsse unterschiedlicher Handwerker – zum Beispiel regional in sogenannten Meisterringen – sind keine Gewähr für eine zufriedenstellende Ausführung der Handwerksarbeit. Allerdings stehen die Chancen nicht schlecht, hier einen ordentlichen Dienstleister zu bekommen, denn es fällt auf alle Mitglieder des Zusammenschlusses zurück, wenn einer unter ihnen nicht zufriedenstellend arbeitet.

Handwerker über Internetplattformen suchen

Alternativ dazu bieten sich die Internetplattformen an, über die Sie auch eine Möbelspedition für den Umzug suchen können: Dort stellt der Kunde seine Anfrage mit einer Preisvorstellung ein, und es können sich die Handwerker melden, die den Auftrag zu diesem Preis ausführen wollen. Allerdings gilt hier grundsätzlich, dass Privatleute nur selten alle notwendigen Angaben machen können, die für eine verlässliche Angebotskalkulation erforderlich sind. Der Preisvergleich wird also nur bei sehr schlichten Tätigkeiten einfacher.

Kostenvoranschlag einholen

Dann fordert man einen **Kostenvoranschlag** an. Nennen Sie auf jeden Fall das genaue Datum, an dem gestrichen werden soll, sowie die Quadratmeterzahl von Wänden und Decken. Dazu finden Sie eine Berechnungshilfe auf Seite 139.

In der Regel wird sich der Handwerker dazu bei Ihnen melden, um einen Termin mit Ihnen auszumachen. Dabei schaut er sich die Situation vor Ort an und macht ein so genanntes Aufmaß. Das heißt, er misst, wie groß die Flächen sind, die er streichen soll. Und er bewertet dabei auch, wie schwierig diese Aufgabe sein wird. Haben Sie beispielsweise ein Treppenhaus, das vier Meter hoch oder sogar höher ist, wird er dafür im Zweifelsfall ein Gerüst benötigen, denn eine solche Höhe lässt sich nicht einfach mit einer Rolle an einer Verlängerungsstange oder von der Leiter aus streichen. Das heißt: Es kostet mehr. Der Kostenvoranschlag sollte die Materialkosten, die Arbeitsleistung und die Umsatzsteuer ausweisen. Außerdem sollte er nichts kosten – außer, Sie haben mit dem Handwerker vorab etwas anderes vereinbart. Hierbei ist der Maler in der Nachweispflicht. Die Kosten für einen Voranschlag dürfen dabei nicht im Kleingedruckten versteckt werden. Eine solche Klausel ist unwirksam (Oberlandesgericht Karlsruhe, Az. 19 U 57/05).

Sie können übrigens statt eines Kostenvoranschlags auch **ein Angebot** verlangen. Das ist immer kostenlos und verbindlich – aber zeitlich befristet. Außerdem müssen in der Regel nicht alle Arbeitsschritte und Materialien detailliert mit Preis aufgelistet werden. Es ist also schneller geschrieben. Die Verbindlichkeit kann durch entsprechende Zusätze auch ausgehebelt werden.

Allerdings halten Sie auch bei einem Kostenvoranschlag keine Preisgarantie in Händen: Die Rechnung darf letztlich bis zu 20 Prozent höher ausfallen als vereinbart. Einige Gerichte vertreten sogar die Ansicht, dass der Kunde auch höhere Abweichungen bezahlen muss. In diesem Fall kann der Verbraucher aber Schadenersatz vom Handwerker verlangen, weil er nicht rechtzeitig darüber informiert wurde, dass die Rechnung höher ausfallen wird. Dann muss er aber beweisen, dass ein anderer Dienstleister für weniger Geld gearbeitet hätte. Um Ärger zu vermeiden, können Sie versuchen, einen Festpreis zu vereinbaren. Der wird vermutlich etwas höher ausfallen, da der Maler kein Risiko eingehen möchte. Allerdings haben Sie damit eine Sicherheit. Falls es doch zu Ärger kommt: Die örtliche Handwerkskammer kann eine Hilfe sein.

Wenn Sie mehrere Angebote vergleichen, achten Sie darauf, dass die Handwerker von einer vergleichbaren Situation ausgehen. Prüfen Sie also, wie viel Arbeitszeit beziehungsweise zu streichende Fläche die Handwerker ansetzen und welche Materialkosten sie veranschlagen.

Die Wohnungsübergabe

Falls Sie Freunden oder Verwandten einen Zweitschlüssel gegeben haben: Denken Sie daran, ihn rechtzeitig abzuholen, damit Sie ihn mit den anderen zurückgeben können.

Verwenden Sie ein Übergabeprotokoll wie auf Seite 141. In der besten aller Welten haben Sie eine solche Übergabe schon beim Einzug gemacht. Damals haben Sie alle Schäden dokumentiert: Ein Riss in einer Fliese im Badezimmer, Löcher in Fliesen oder Schäden an den Türen. Damit ist festgehalten, dass Sie diese Schäden nicht verursacht haben, sondern dass sie schon vor Ihrem Einzug bestanden. Ziehen Sie jetzt aus, nehmen Sie das Einzugsprotokoll zur Hand und gehen gemeinsam mit dem Vermieter durch die Wohnung. So können Sie leicht feststellen, ob seitdem neue Schäden dazugekommen sind, die Sie beheben lassen müssen.

Sobald Sie die Schlüssel ordnungsgemäß zurückgegeben haben, haben Sie Anspruch auf die Rückzahlung Ihrer Kaution inklusive Zinsen. Steht noch eine Nebenkostenabrechnung aus, kann der Vermieter allerdings zumindest einen Teil der Kaution bis zum Ende der Abrechnungsperiode – also bis zu ein Jahr – einbehalten.

Übrigens: Um die Heiz- und Warmwasserkosten gerecht zwischen altem und neuem Mieter aufzuteilen, muss der Vermieter eine Zwischenablesung in Auftrag geben. Die Kosten dafür übernimmt er. Mehr zum Thema Kaution lesen Sie auf Seite 37.

Einmal ausmisten, bitte!

Egal, ob Sie den Umzug selbst durchführen oder gegen Bezahlung machen lassen: Sie sollten diesen Zeitpunkt nutzen, um ordentlich zu entrümpeln. Dazu machen Sie zunächst eine Bestandsaufnahme. Danach verschenken Sie Gegenstände oder verkaufen sie über das Internet oder auf Flohmärkten. Hier finden Sie Tipps zum Ausmisten.

Gehen Sie vom Keller bis zum Speicher durch jedes Zimmer und notieren Sie sich die Maße der Möbel. Das ist sowohl wichtig, wenn Sie sie verkaufen wollen, als auch, wenn Sie sie in einen Möbelwagen packen wollen. Schreiben Sie dazu, was sich auseinanderbauen lässt.

Wenn Sie genau wissen, dass Sie Möbel verkaufen wollen, nutzen Sie Ihre Bestandsaufnahme, um Schränke, Regale und was sonst noch weg soll, gleich von allen Seiten zu fotografieren. Das hilft Ihnen dabei, sie im nächsten Schritt in Kleinanzeigenportalen zu inserieren.

Nehmen Sie auf diesem Rundgang durch Ihre Wohnung außerdem Post-its und einen Stift mit. Schauen Sie in jeden Schrank. Die Schränke, die Sie jetzt schon leeren können, sollten Sie markieren. Bei anderen können Sie sich Notizen machen wie „in zwei Wochen" oder „letzte Woche vor dem Umzug". Wenn Sie die Schränke ausräumen, sollten Sie schon leere Umzugskisten und viel Zeitungspapier oder anderes Verpackungsmaterial bei sich haben. Dann können Sie die Sachen direkt verpacken.

Sortieren Sie den Schrankinhalt direkt beim Ausräumen: Was mit soll, kommt ordentlich verpackt in den Umzugskarton. Müll sortieren Sie direkt nach Papier, Recycling, Elektroschrott oder normalem Abfall in passende Säcke oder Wannen. Was verkauft werden soll, kommt auf einen zusätzlichen Haufen. Immer, wenn ein Zimmer so ausgeräumt wurde, entsorgen Sie den Abfall und stellen in Kleinanzeigenportale ein, was Sie verkaufen oder verschenken wollen.

Was nicht weggeht, ist entweder ein Fall für eine Give-Box oder ein Sozialprojekt in Ihrer Nähe – oder für den Müll. Sperrige Gegenstände sollten zum Sperrmüll. Hier hat allerdings jede Stadt ihre eigenen Regeln. Häufig können Sie ein Auto voll mit Sperrmüll zum Recyclinghof fahren. Rechnen Sie speziell an Samstagen mit Schlangen bei der Anfahrt. Alternativ können Sie die sperrigen Gegenstände abholen lassen. Das kostet Sie beispielsweise in Köln nichts, in vie-

UNSER RAT

Verpackung gratis

Sie kaufen viel im Internet ein? Dann sollten Sie, sobald Sie den Mietvertrag gekündigt haben, die Verpackungsmaterialien von Ihren Einkäufen aufbewahren. In Luftpolsterfolie können Sie beispielsweise zerbrechliches Geschirr packen. Falls Sie einen Teil Ihres Besitzes über Auktionsplattformen wie Ebay verkaufen und verschicken wollen, brauchen Sie außerdem auch Kartons und Verpackungsmaterial in allen erdenklichen Größen. Kommen Sie aber nicht auf die Idee, die Kartons von den Onlineeinkäufen zum Transport Ihres Hausrats zu verwenden: Je mehr Sie haben, desto wichtiger ist es, dass alle Kisten die gleichen Maße haben. Sonst wird es schwierig, sie später platzsparend in den Transporter einzuräumen.

len anderen Städten zahlen Sie dagegen eine Gebühr. Auch auf Termine für die Abholung müssen Sie unterschiedlich lang warten: In einigen Städten kann die Müllabfuhr schon am nächsten Arbeitstag nach Ihrer Onlineanmeldung vor der Tür stehen, in anderen müssen Sie vier bis fünf Wochen warten.

Rufen Sie entweder bei der entsprechenden Stelle Ihrer Abfallentsorgungsbetriebe an oder suchen Sie im Internet nach den nötigen Informationen. Dazu geben Sie in das Suchfenster einer Suchmaschine zum Beispiel den Namen Ihrer Stadt mit den Wörtern „Sperrmüll" und „Abholung" ein.

UNSER RAT

Achtung, Abzocke!

Speziell, wenn Sie elektrische Geräte verkaufen wie beispielsweise einen Radiowecker oder eine Kamera, sollten Sie darauf achten, die Seriennummer aufzuschreiben, oder noch besser: sie zu fotografieren. Stellen Sie sie ruhig gut sichtbar in der Anzeige mit ein. Denn es gibt Betrüger, die beispielsweise Ihre Kamera kaufen. Sie haben zuhause das gleiche Exemplar, das aber defekt ist. Dann schicken sie Ihnen den Elektroschrott und verlangen ihr Geld zurück. Mit dem Nachweis der Seriennummer kann Ihnen das nicht passieren.

Verkauf übers Internet

Bücher, CDs und DVDs sollten Sie ebenfalls auf einen separaten Haufen legen. Mit etwas Glück können Sie sie bei einem Reseller wie Momox.de oder rebuy.de verkaufen. Dann gibt es zwar oft nur wenig Geld, dafür sind Sie die Ware schnell los, und es kommt zumindest eine kleine Summe auf Ihr Konto. Bei Momox gibt man auf der Internetseite oder über eine Smartphone-App beispielsweise die ISBN-Nummer ein und bekommt sofort angezeigt, ob die Plattform das Buch oder die CD ankauft. Sobald die Ware für gut befunden wurde, überweist der Reseller den entsprechenden Betrag aufs Konto. Ähnlich funktioniert Wirkaufens.de für gebrauchte Handys oder Digitalkameras.

Eine Alternative dazu sind Auktionsplattformen wie Ebay und Verkaufsplattformen wie Hood und Ebay Kleinanzeigen: Dort lässt sich so ziemlich alles versteigern beziehungsweise verkaufen.

Grundsätzlich gilt für alles, was übers Internet verkauft wird: Der Aufwand ist eher gering, ein bisschen Zeit kostet es aber schon, den Gegenstand zu fotografieren, das Bild ins Netz zu laden und eine kurze Beschreibung dazu zu liefern.

Benutzen Sie niemals die Fotos oder Texte anderer, nur um Zeit zu sparen. Denn sie unterliegen dem Urheberrecht und Sie können für die unberechtigte Nutzung rechtlich belangt werden.

Außerdem wichtig: Immer bei der Wahrheit bleiben. Ist etwas defekt, muss es auch so beschrieben werden. Andernfalls hat der Käufer ein Recht auf Annullierung und Rückabwicklung des Kaufs. Privatverkäufer sollten in ihren Texten immer den Zusatz „Ich schließe die gesetzliche Gewährleistung aus" einbauen. Sonst haften sie im schlimmsten Fall dafür, dass das alte Radio, das noch funktionierte, als sie es verkauften, nach zwei Monaten den Geist aufgibt. Der Käufer könnte dann sein Geld zurückverlangen.

Nervig ist bei beiden Portalen für den Verkäufer außerdem, dass er häufig zur Post gehen muss, wenn er viel versteigert. Dabei lohnt sich grundsätzlich, das Porto online zu kaufen, denn dort ist es meistens etwas günstiger. Außerdem kann man die Sendung so zur Paketstation bringen und muss nicht am Postschalter in der Warteschlange anstehen. Übrigens macht das Porto einige

Dinge für den Onlineverkauf unverkäuflich. Denn wenn dadurch der Preis für ein Produkt so teuer wird, dass man es besser im Laden um die Ecke neu kaufen könnte, lohnt sich der Kauf nicht. Solche Artikel sollte man separat in Umzugskisten lagern und damit zum Flohmarkt gehen.

Verkauf über Kleinanzeigenportale und -blätter

Schwierig sind Auktionen außerdem bei Waren, die sich schlecht verschicken lassen, also beispielsweise bei Möbeln. Hier helfen Kleinanzeigenportale weiter. Es gibt sie in speziellen Zeitungen, aber auch online. Wichtig ist herauszufinden, welches Portal in der Region das aktivste ist: Kalaydo, Quoka, DHD24 oder Ebay Kleinanzeigen? Einige Portale ermöglichen auch, die kostenlosen Onlineanzeigen gegen einen kleinen Preis ins gedruckte Partnermedium zu bringen. Das lohnt sich nur bei hochwertigen Dingen.

Übrigens gibt es im digitalen Zeitalter noch immer Anzeigenblätter, die in gedruckter Form oder als E-Paper kostenlos an die Haushalte abgegeben werden. Dort können Sie eine Anzeige schalten. Das geht auch über das Internet und ist so oft etwas günstiger. Wie hoch der Preis am Ende ist, lässt sich schwer sagen, denn er ist abhängig vom Erscheinungstag, der Auflage und der Größe der Anzeige. Das richtige Anzeigenblatt in Ihrer Nachbarschaft finden Sie über den Bundesverband Deutscher Anzeigenblätter (**www.bvda.de**).

Auch bei Kleinanzeigenportalen gibt es Abzocker. Seien Sie auf der Hut, wenn Ihnen jemand auf Englisch schreibt. Hier geht der Betrug so: Jemand findet beispielsweise einen Tisch toll, den Sie verkaufen wollen. Er sagt, er hat keine Zeit vorbeizukommen, schickt aber einen Scheck. Sie lösen ihn ein, doch bis zur Gutschrift dauert es einige Tage. In der Zwischenzeit haben Sie den Tisch bereits verschickt – und dann platzt der Scheck. Alternativ dazu wird ein Scheck geschickt, der zu hoch ausgestellt ist. Sie senden die Differenz via Bargeldtransfer zurück, lösen den Scheck ein, verschicken das Produkt – und wieder platzt der Scheck. Schauen Sie also genau hin, wem Sie etwas verkaufen.

Verkauf auf dem Flohmarkt

Der Nachteil der Verkäufe über das Internet und über Anzeigen ist, dass Sie viel mit der Organisation zu tun haben: Das Telefon kann häufig klingeln, weil Interessenten sich melden, im E-Mailfach können sich Nachfragen stapeln, Sie müssen Termine absprechen. Manchmal geht es schneller, wenn man eine gebündelte Aktion macht. Dazu bieten sich Flohmärkte an.

→ **Hausflohmarkt:** Sie hängen an die Haustür einen Zettel und kündigen an, dass es bei Ihnen einen Hausflohmarkt gibt und dass die Leute willkommen sind, in Ihre Wohnung einzutreten. Sinnvollerweise informieren Sie im Vorfeld die Nachbarn, denn es können an so einem Tag sehr viele fremde Menschen durchs Haus gehen. Auch Ihren Vermieter sollten Sie zumindest in Kenntnis setzen. Alles, was nicht verkauft werden soll, sollten Sie in einem Zimmer unterbringen und die Tür abschließen. Das gilt besonders für Wertsachen. Im Eigenheim ist das natürlich deutlich unkomplizierter.

→ **Hofflohmarkt:** In einigen Städten wie Köln oder München liegen Hofflohmärkte im Trend. Dabei öffnen diejenigen, die dabei sein wollen, ihre Gärten und Höfe an einem festgelegten Tag und verkaufen dort ihre gebrauchten Waren. Wichtig: Der Verkauf auf dem Bürgersteig ist in der Regel nicht gestattet. Und Sie müssen vom Vermieter die Genehmigung haben, einen Hofflohmarkt veranstalten zu dürfen. Suchen Sie im Internet nach Hofflohmarktterminen für Ihre Stadt.

➜ **Trödelmarkt:** In jeder Stadt gibt es in der Regel mindestens einen großen Flohmarkt. Oft muss man sich aber Monate im Voraus dafür anmelden. Das gilt besonders im Sommer. Außerdem müssen Sie einiges vorbereiten, wenn Sie einen ganzen Tag auf einem großen Flohmarkt verkaufen wollen:

12 Tipps für den Verkauf auf dem Flohmarkt

1 Ein Stellplatz auf dem Flohmarkt kostet in der Regel Geld. Reservieren Sie darum nur einen Platz, wenn Sie sicher sind, dass Sie die Standgebühr mit dem Verkaufserlös wieder „reinbekommen".

2 Sie brauchen einen Tisch. Ein Tapeziertisch ist eine praktische Variante – aber Achtung! Ist er überladen, kann er zusammenbrechen.

3 Klären Sie, wie Sie Ihre Sachen zum Flohmarkt transportieren, wo Sie das Auto parken, und um wie viel Uhr Sie da sein müssen.

4 Packen Sie das Auto am Vorabend, denn Flohmärkte beginnen oft sehr früh.

5 Es könnte regnen. Packen Sie Folie ein, um Bücher und Kleidung zu schützen.

6 Die Sonne könnte scheinen. Sie brauchen also einen Sonnenschirm oder einen aufbaubaren Gartenpavillon. Achtung! Je nachdem, wie windig es ist, kann er leicht abheben und im schlimmsten Fall auf dem Tisch eines anderen landen. Um den Pavillon zu beschweren, helfen mit Wasser gefüllte Flaschen, die man unten an den Stangen des Pavillons festbindet.

7 Sie brauchen mehr Wechselgeld, als Sie wahrscheinlich normalerweise in der Tasche haben.

8 Sie brauchen Papier zum Einwickeln.

9 Kleider präsentiert man auf einem Wäscheständer oder einer Kleiderstange.

10 Tragen Sie mehrere Schichten Kleidung übereinander, um gegen Kälte und Hitze gefeit zu sein.

11 Ausreichend Essen und Trinken mitnehmen.

12 Verlangen Sie zunächst immer mehr, als Sie bekommen möchten, denn Flohmarktbesucher verhandeln.

Um den Erfolg Ihres Flohmarktbesuchs im Auge zu behalten, notieren Sie sich alle Einnahmen immer sofort nach jedem Verkauf. Wenn dann zum Schluss in der Summe mehr zusammengekommen ist, als Sie für die Standmiete und andere Kosten aufbringen mussten, hat es sich schon gelohnt. Die Aktion soll ja nicht in erster Linie dazu dienen, möglichst viel Gewinn zu machen, sondern Sie wollen Ihre nicht mehr benötigten Sachen an andere weitergeben, die sie noch gut gebrauchen können.

Umzug: Schleppen oder schleppen lassen?

Ob Sie den Umzug selbst durchführen oder machen lassen, hängt von vielen Faktoren ab. Sicherlich spielt dabei Geld eine Rolle, aber auch die Größe des Hausstands und die Entfernung zwischen den Wohnungen haben Einfluss darauf, ob Sie selbst anpacken oder eine Firma beauftragen.

Alles, was nach Ihrer Entrümpelungsaktion noch übrig ist, müssen Sie verpacken, um es heil in die neue Wohnung zu bekommen. Dazu benötigen Sie einen Transporter in der richtigen Größe. Um ihn zu reservieren, müssen Sie angeben, wie hoch Ihr Umzugsvolumen ist.

Größe des Umzugsvolumens

Vom richtig kalkulierten Umzugsvolumen hängt ab, wie groß der Mietlaster ist, den Sie benötigen, beziehungsweise was eine Umzugsfirma dafür verlangen wird, Ihren Haushalt zu transportieren.

Grundsätzlich gilt: Wer den Umzug mit Freunden macht, sollte lieber einen größeren Wagen nehmen, als allgemein empfohlen wird. Der Inhalt einer 70-Quadratmeter-Wohnung passt in einen Transporter von 50 Kubikmetern, lautet eine Faustregel. Wer aber beispielsweise viele Bücher hat, braucht mehr Platz im Umzugswagen. Denn die Umzugskisten können mit Büchern nicht ganz gefüllt werden, weil sie sonst zu schwer sind, um getragen zu werden. Also braucht man mehr Kisten und hat somit ein größeres Umzugsvolumen.

Ein Problem ist auch, wenn Möbel nicht auseinandergebaut werden können und am Stück transportiert werden müssen. Dann kann selbst ein Umzugsunternehmen nichts an der Situation ändern: Der Transporter wird in diesen Fällen schneller voll sein als erwartet. Mit der folgenden **Faustformel** können Sie recht einfach einschätzen, wie viele Umzugskartons Sie benötigen, beziehungsweise welches Volumen der Transporter bewältigen muss, damit Sie Ihren Hausrat bequem in die neue Wohnung bringen können:

Notieren Sie für jedes Zimmer in Ihrer Wohnung die Quadratmeterzahl. Vergessen Sie dabei Kellerabteile und Speicherräume unter dem Dach nicht.

Sie benötigen pro Quadratmeter Grundfläche mindestens einen Umzugskarton, falls Sie viele Gegenstände besitzen, eher 1,5 Kartons. Haben Sie also ein Zimmer, das 15,5 Quadratmeter groß ist, kalkulieren Sie, dass Sie auf jeden Fall mindestens 16 Kartons benötigen werden. Falls Sie besonders viele Dinge in diesem Zimmer haben, rechnen Sie besser mit 1,5 Kartons pro Quadratmeter und kalkulieren mit bis zu 24 Kartons.

So addieren Sie zusammen, wieviele Umzugskartons Sie voraussichtlich insgesamt brauchen werden.

Addieren Sie zum Schluss alle Quadratmeter, dann wissen Sie, wie groß Ihre Wohnung (inklusive Keller und Speicherräumen) insgesamt ist. Rechnen Sie diese Summe mal 0,75, um das Umzugsvolumen zu bestimmen. Haben Sie also eine Wohnung, die 120 Quadratmeter groß ist, dann beträgt das Umzugsvolumen etwa 90 Kubikmeter. So können Sie besser abschätzen, wie groß Ihr Transporter sein muss.

Den Umzug selbst machen

Sie haben sich also dazu entschlossen, den Umzug selbst zu machen? Dann finden Sie in diesem Kapitel Tipps zum richtigen Packen und zur Planung Ihres Umzugs.

Wussten Sie, dass 16 Prozent der Deutschen laut aktueller Umfragen bei einem Umzug am meisten davon genervt sind, Kisten ein- und auszuräumen und zu schleppen? Sie scheinen nicht dazu zu gehören, denn sonst würden Sie dieses Kapitel überspringen. Wenn es Ihnen jedoch ernst damit ist, Ihren Umzug selbst zu machen, dann sollten Sie sich als erstes um Umzugskartons kümmern. Pro Quadratmeter Wohnfläche sollten Sie einen oder bis zu 1,5 Umzugskartons veranschlagen. Die Kartons können Sie neu oder gebraucht kaufen.

Kisten richtig packen

Alles was zerbrechlich ist, also Geschirr, Gläser, Vasen, verglaste Bilderrahmen, müssen Sie natürlich einpacken, bevor Sie sie in die Umzugskisten legen. Dazu wird immer noch gerne Zeitungspapier verwendet. Sortieren Sie Seiten aus, auf denen besonders großflächige Fotos oder Werbeanzeigen gedruckt sind, denn die Druckerfarbe kann bei Feuchtigkeit und Wärme abfärben. Falls Sie zu wenig Papier und Folie haben: Nutzen Sie Ihre Hand- und Geschirrtücher und Ihre Socken. Die Tücher und die Strümpfe müssen Sie sowieso einpacken und mitnehmen. In diesem Fall können Sie sie überdies praktisch einsetzen und sparen Verpackungsmüll.

Alternativ können Sie das Packmaterial aus Sendungen nutzen, die Sie in den vergangenen Monaten nach Einkäufen aus dem Internet bekommen und just für diesen Tag gesammelt haben. Falls Sie nichts gesammelt haben, bekommen Sie Packpapier und Luftpolsterfolie natürlich auch in Onlineshops und in Baumärkten. Einfach nach „Packmaterial für Umzug" suchen, dann werden verschiedene Einkaufsmöglichkeiten vorgeschlagen.

Beim Packen der Umzugskisten sollten Sie darauf achten, dass Sie selbst diese noch hochheben können. Packen Sie darum nicht zu schwer. Füllen Sie nie eine ganze Kiste mit Büchern, CDs oder Schallplatten – falls Sie noch welche haben. Denn diese Kisten werden Sie kaum noch bewegen können. Sinnvoll ist es, in die Umzugskisten unten schwere Gegenstände wie Bücher zu legen; oben drauf dann leichte Dinge wie Kleidung, Kissen, Handtaschen, Dekorationsgegenstände, Plastikschüsseln oder Ähnliches. Und natürlich auch das, was zerbrechlich ist. Achten Sie beim Packen auch darauf, dass im Inneren der Kiste an den Halteöffnungen genügend Raum für die Hände frei bleibt.

Nach Möglichkeit sollten Sie zimmerweise packen, aber um Platz zu sparen, werden auch mal Gegenstände aus unterschiedlichen Räumen in einer Kiste landen.

Umzugskisten beschriften

Schreiben Sie außen auf die Kiste, in welchen Raum sie gebracht werden soll. Sinnvollerweise immer zuerst in den Raum, in den die Dinge gehören, die oben in der Kiste liegen. Optimal ist es natürlich, wenn Sie eine Kiste nur mit Gegenständen aus einem Raum füllen können. Doch das wird nicht immer möglich sein. Wenn Sie für ein Zimmer besonders viele Kisten haben, kann es nützlich sein, den Inhalt zumindest stichwortartig aufzuschreiben. So wissen Sie sofort, in welchen Kisten die wichtigen Dinge versteckt sind.

Wenn Sie gebrauchte Kartons benutzen, die schon einmal beschriftet waren, sollten Sie diese veralteten Informationen durchstreichen, um Verwirrung zu vermeiden. Üblicherweise ist auf einem Karton noch genügend Platz für die aktuellen Hinweise. Ordentlicher sieht es natürlich aus, wenn Sie ein Etikett über die veralteten Informationen kleben. Das kann einfach ein Blatt Papier sein, das Sie aufkleben. Oder Sie besorgen sich dafür spezielle Etiketten. Suchen Sie im Internet einfach nach „Aufkleber Umzugskartons".

Nummerieren Sie Ihre Kartons, damit Sie am Ende sicher sein können, keinen Karton vergessen zu haben. Kreuzen Sie auf jedem Etikett an, in welchen Raum der Karton gebracht werden soll.

Tragen Sie stichwortartig ein, was im Karton ist. Wenn Sie zerbrechliche Sachen wie Gläser, Vasen, Geschirr, verglaste Bilderrahmen oder Spiegel in Kartons verpackt haben, markieren Sie sie auf mehreren Seiten mit einem dicken Filzstift mit der Aufschrift „Zerbrechlich!" oder „Vorsicht Glas!".

Wer wird Ihnen helfen?

Im nächsten Schritt brauchen Sie fleißige Helfer: Haben Ihre Freunde oder die Familie Zeit? Sprechen Sie mit ihnen ab, wann sie Sie unterstützen können. Achtung: Fällt beim Umzug der teure Fernseher herunter, springt die Haftpflichtversicherung Ihres Helfers nicht in jedem Fall ein. Denn in diesem Fall handelt es sich um eine Gefälligkeit. Ihr Helfer kann aber nicht dafür bestraft werden, dass er dabei etwas falsch gemacht hat. Insofern: Kümmern Sie sich um zerbrechliche Dinge, die Ihnen sehr wichtig sind, besser selbst.

Auf der anderen Seite haften Sie in aller Regel auch nicht, wenn Ihr Helfer sich verletzt – außer Sie tragen daran irgendwie die Schuld. Aber stolpert er einfach nur über seine Füße, während er eine Kiste die Treppe hinunterträgt, sind Sie nicht in der Haftung. Gut wäre für den Helfer in diesem Fall, wenn er eine private Unfallversicherung abgeschlossen hätte.

Wer fährt den Transporter?

Jetzt müssen Sie noch einen Umzugslaster organisieren. Trauen Sie sich zu, diesen selbst zu fahren? Und haben Sie einen entsprechenden Führerschein?

Wenn Sie einen Führerschein der Klasse B haben, das ist der normale Autoführerschein, dürfen Sie einen Transporter mit einem zulässigen Maximalgewicht von 3,5 Tonnen fahren.

Haben Sie noch einen alten Führerschein der Klasse 3, dürfen Sie damit auch einen Lkw mit 7,5 Tonnen fahren. Nach dem neuen Führerscheinklassensystem entspricht dies der Fahrerlaubnis C1. Theoretisch dürften Sie mit Führerscheinklasse 3 auch einen größeren Lkw fahren. Die Frage ist, ob Sie sich das trauen – insbesondere, wenn Sie keine praktische Erfahrung mit solch einem sperrigen Transporter haben und Ihre Fahrprüfung schon Jahrzehnte zurückliegt.

Die Größe des Lasters hängt vom Umzugsvolumen ab, das Sie bewegen müssen. Je länger die Strecke, desto weniger Platz dürfen Sie beim Packen verschenken. Da muss jeder Zentimeter gut ausgenutzt werden, denn Sie können bei weiten Strecken nicht beliebig oft hin und her fahren.

Als **Grundregel fürs Packen** des Transporters gilt: Erst die großen Gegenstände einräumen, weil Sie für sie später keinen Platz mehr haben werden. Und schwere Gegenstände grundsätzlich nach unten.

Wir ziehen um!

Hängen Sie in der alten und der neuen Hausgemeinschaft eine Information auf, dass Sie aus- beziehungsweise einziehen. Dann nimmt man Ihnen Lärm nicht zu übel. Ein Aushang kann zum Beispiel so aussehen:

Liebe Nachbarn,

wir ziehen am .... aus/ein.

Bitte haben Sie Verständnis dafür, wenn es etwas lauter wird und der Aufzug nicht sofort kommt.

Danke, ...

(Unterschrift mit Ihrem Namen, dahinter noch das Stockwerk)

Sie können diesen Hinweis einfach am Computer ausdrucken und unterschreiben.

Variante: Den Umzug nur teilweise selbst machen

Hier haben Sie grundsätzlich drei Möglichkeiten:

1 Sie beauftragen als Helfer studentische Arbeitskräfte. Das wird günstiger für Sie sein, als wenn Sie ein Speditionsunternehmen anfragen. Allerdings müssen Sie dann damit rechnen, dass nicht alles komplett reibungslos läuft, denn Sie haben es eben nicht mit Profis zu tun. Außerdem muss es zunächst einmal eine studentische Arbeitsvermittlung in Ihrer Stadt geben, damit Sie über diesen Kanal Helfer finden.

2 Sie schreiben Ihren Umzug auf einer Auktionsseite wie myhammer.de aus. Dabei geben Sie auch an, ob die Möbel ab- und aufgebaut werden sollen, die Küche demontiert und montiert, ein- und ausgeräumt werden und ob sich das Unternehmen auch um den anfallenden Müll kümmern soll. Außerdem müssen Sie die Lage der Wohnung beschreiben, ob ein Aufzug und eine Stellfläche vorhanden sind, wie viele Personen umziehen, wie viele Kartons, wie viele große Möbel und auch, ob Verpackungsmaterial gewünscht ist. Auch Fotos können Sie einstellen, um gerade die großen Gegenstände besser darzustellen.
Sobald Ihre Anzeige online ist, werden Umzugsunternehmen ihre Angebote einreichen. Je mehr Informationen Sie also preisgeben, desto genauer kann ein Unternehmen kalkulieren. Aber aufgepasst! Privatleute können nur selten alle notwendigen Angaben machen, die für eine verlässliche Angebotskalkulation erforderlich sind. Der Preisvergleich wird also nur bei sehr schlichten Tätigkeiten einfacher.
Lesen Sie vorher außerdem die Allgemeinen Geschäftsbedingungen: Falls Sie eine Gebühr auch dann bezahlen müssen, wenn Sie sich für keinen Anbieter entscheiden, sollten Sie lieber hier nicht nach einem Transportunternehmen suchen.

3 Sie arbeiten mit einem professionellen Umzugsunternehmen zusammen. Auch beim Umzug mit Unterstützung einer Spedition müssen Sie absprechen, was diese genau machen soll: Nur die Kisten und Möbel von A nach B transportieren? Auch die Möbel ab- und wieder aufbauen? Oder sogar Ihr Hab und Gut gleich verpacken? Je mehr das Unternehmen für Sie erledigen soll, desto teurer wird es natürlich.

Umzug von einem Spediteur machen lassen

Wenn Sie den Umzug machen lassen wollen, sollten Sie mehrere Angebote einholen und diese miteinander vergleichen. Hier erfahren Sie, worauf Sie achten sollten, bevor Sie sich für ein Unternehmen entscheiden.

Um ein Unternehmen zu finden, das Ihre Ansprüche erfüllt, sollten Sie sich zunächst im Bekanntenkreis umhören: Wer hat schon einen Umzug machen lassen? Wie zufrieden war er mit dem Unternehmen?

Falls es keine guten Empfehlungen gibt, suchen Sie im Internet. Achten Sie dort auch auf die Bewertungen, aber legen Sie nicht jede auf die Goldwaage. Auch die Zahl der Bewertungen spielt eine Rolle: Gibt es nur wenige Bewertungen, lässt sich daraus kaum etwas ableiten. Kommen dagegen auf 50 positive Beiträge zwei negative, fallen diese nicht ins Gewicht. Schließlich gibt es immer jemanden, der anderer Meinung ist. Andererseits sind viele gute Bewertungen nie eine Garantie, höchstens ein Hinweis. Denn man weiß nicht, wer die positiven Beiträge geschrieben hat. Das können auch PR-Verantwortliche gewesen sein oder Mitarbeiter, die ein Produkt oder eine Dienstleistung hochjubeln. Es kann hilfreich sein, über einen der Verbände zu gehen: Zum Bundesverband Möbelspedition und Logistik beispielsweise gehört die Internetseite **www.umzug.org**. Dort können Sie nach Verbandsmitgliedern in Ihrer Nähe suchen. Bei internationalen Umzügen kann die International Association of Movers Ansprechpartner sein.

Der Preis hängt unter anderem auch davon ab, wo Sie den Umzug in Auftrag geben: In München oder Hamburg zum Beispiel wird er teurer sein als in Regionen, in denen die Kaufkraft niedriger ist. Schließlich ist ein Umzug eine Dienstleistung, deren Preis im Wesentlichen nach Personalkosten berechnet wird. Und die unterscheiden sich in Deutschland deutlich.

Der Umzug mit Profis hat aber mindestens einen Vorteil: Ihr Haushalt ist dort bis zu 620 Euro pro Kubikmeter versichert. Achten Sie darum darauf, dass sowohl im Angebot als auch im Kostenvoranschlag eine Kubikmeteranzahl steht, die zu Ihrem Umzugsvolumen passt. Falls Sie ganz genau wissen, dass Ihr Hab und Gut mehr wert ist, sollten Sie über eine Umzugstransportversicherung nachdenken. Denn natürlich hat die Grundhaftung auch ihre Tücken: Das Umzugsunternehmen haftet nämlich nur, wenn es auch tatsächlich den Schaden verursacht hat. Haben Sie also Ihren Besitz selbst verpackt, dabei eine Kiste überladen, die beim Transport bricht, ist das nicht die Schuld des Spediteurs. Außerdem werden besonders empfindliche und besonders teure Dinge oft von der Haftung ausgenommen: Bleibt von Ihrer alten Zimmerpalme nur noch der Stamm übrig, ist der Schmuck der Großeltern verschwunden oder wird das Haustier von einem Mitarbeiter verletzt, wird die Transportfirma dafür möglicherweise nicht haften.

Um das richtige Umzugsunternehmen zu finden, sollten Sie sich einen schriftlichen Kostenvoranschlag von zwei oder drei Unternehmen geben lassen.

Welche Angaben sind für ein Anschreiben wichtig? Geben Sie Ihre komplette aktuelle Adresse und Kontaktdaten an. Nennen Sie das Datum des Umzugs. Setzen Sie ein, in welcher Stadt und Straße der Umzug starten wird und wohin Ihr Hausrat gebracht werden soll. Listen Sie auf, welche Arbeiten das Umzugsunternehmen für Sie ausführen soll. Ergänzen Sie außerdem, wie groß Ihre Wohnung ist, und geben Sie Ihr geschätztes Umzugsvolumen an (siehe Seite 69).

Beschreiben Sie außerdem, wo Ihre Wohnung liegt, und auch, wie die Situation vor Ort ist. So kann das Umzugsunternehmen relativ genau kalkulieren.

Manchmal lassen sich diese Angebote jedoch nicht so einfach vergleichen. Achten Sie darum zunächst darauf, dass alle Firmen für ihre Berechnung das gleiche Umzugsvolumen ansetzen. Sonst vergleichen Sie im Zweifel Äpfel mit Birnen. Wichtig ist außerdem, dass Sie vor Ihrer Entscheidung Antworten auf die wichtigsten Fragen bekommen:

1 Handelt es sich beim Kostenvoranschlag um einen festen Preis? Oder kann er am Ende noch deutlich davon abweichen? Falls ja, wovon hängt das ab?

2 Ist ein Angebot deutlich niedriger als die anderen? Dann fragen Sie gezielt nach den Zusatzkosten, die noch auf Sie zukommen könnten.

3 Ist das Umzugsgut versichert? Falls nein, was kostet die Versicherung zusätzlich?

4 Wie werden Sie bezahlen? Falls Sie die Kosten steuerlich geltend machen wollen, benötigen Sie eine Rechnung und müssen die Summe überweisen. Sprechen Sie vor Vertragsschluss an, wenn Sie nicht bar bezahlen wollen, denn Barzahlung ist in der Branche durchaus noch üblich und auch erlaubt. Es gibt aber auch Firmen, die andere Bezahlarten ermöglichen. Fragen Sie darum nach. Sie sollten allerdings nie die gesamte Summe im Voraus überweisen. Sonst stehen Sie im Zweifel am Umzugstag ohne Umzugsunternehmen da, haben aber bereits dafür gezahlt.

Grundsätzlich müssen Sie unterscheiden zwischen Unternehmen, die nach Stunden abrechnen, und denen, die einen Pauschalpreis anbieten. In der Regel wird der **Pauschalpreis** etwas höher sein, allerdings ist das dann auch ein Festpreis. Sie wissen also genau, welche Summe auf Sie zukommt. Wird **nach Stunden abgerechnet**, und ist das Transportunternehmen nicht ganz fair, kann sich ein solcher Umzug durchaus in die Länge ziehen. Dann wird es im Zweifelsfall deutlich teurer, als Sie erwartet haben. Falls Sie sich für eine Firma mit Stundenkontingent entscheiden, sollten Sie versuchen, eine maximale Stundenanzahl festzulegen.

CHECKLISTE

Speditionsangebote vergleichen

Achten Sie bei den Angeboten auch auf die folgenden Punkte:

- → Wird die Mehrwertsteuer ausgewiesen?
- → Wird die An- und Abfahrt gesondert berechnet?
- → Kosten große Gegenstände extra?
- → Gibt es einen Selbstbehalt bei der Versicherung?
- → Hat das Unternehmen das notwendige Zubehör wie einen Außenlift oder Gurte, um ein Klavier zu tragen? Kostet es extra?
- → Sind die Kontaktdaten eindeutig sowie die Informationen zum Unternehmenssitz und zum Eintrag im Handelsregister?
- → Gibt es im Internet ein vollständiges Impressum?

Werden also beispielsweise fünf bis sechs Stunden veranschlagt, könnten Sie eine Deckelung bei maximal neun Stunden festlegen. Ganz wichtig ist allerdings, dass auch Sie sich an die Abmachungen halten. Wenn mit der Firma ausgemacht wurde, dass Sie die Möbel abbauen und nicht mehr als 100 Kisten befördert werden müssen, kann sich die Spedition nur dann an das gemachte Angebot halten, wenn es eben nicht plötzlich 120 Kisten sind und das Unternehmen zusätzlich den Wohnzimmerschrank, das Hochbett oder die Küche abbauen soll. Solche Fälle sind gar nicht so selten: Wer beim Einholen des Angebots noch davon ausging, ein sperriges Möbelstück dem Nachmieter verkaufen zu können, muss vielleicht seine Meinung ändern, weil es zum Beispiel doch in der neuen Wohnung gebraucht wird oder weil sich kein Nachmieter findet, der es übernehmen möchte.

→ S. 127

Ausfüllhilfe Vergleich Speditionsangebote

Tragen Sie zunächst das Umzugsvolumen ein, das die Firmen im Angebot nennen. Ist es bei allen Angeboten identisch? Sonst lassen sie sich schlecht vergleichen.
Vergleichen Sie dann den Preis. Sollten zusätzliche Kosten anfallen, können Sie diese in den Feldern darunter eintragen.
Stehen die Gesamtsummen fest, können Sie vergleichen, welches Angebot das günstigste ist.
In den unteren Zeilen der Tabelle können Sie Häkchen oder Kreuzchen machen, um mit einem Blick zu sehen, welches Unternehmen Ihren Wünschen am nächsten kommt. Notieren Sie außerdem die Kontaktdaten, damit Sie nicht erst danach suchen müssen, wenn Sie sie brauchen.

UNSER RAT

Schadenmeldung an die Spedition

Für offensichtliche Schäden gilt: Sie müssen innerhalb von 24 Stunden gemeldet werden. Sie können das vorab per Mail machen, sollten aber auf jeden Fall noch ein Fax hinterherschicken und sich das Sendeprotokoll ausdrucken – oder gleich einen Brief als Einwurfeinschreiben schicken.

Für Mängel, die nicht so offensichtlich sind, haben Sie bis zu 14 Tage Zeit.

Wenn Sie sich für eine Firma entschieden haben, lassen Sie sich den Auftrag samt Umzugsdatum schriftlich bestätigen.

Worum Sie sich auf jeden Fall selbst kümmern sollten

Um eine Kiste sollten Sie sich aber immer selber kümmern. Das ist die Kiste mit Ihren Wertsachen. Dazu gehören Schmuck, eine Münzsammlung und Bargeld. Aber auch wichtige Urkunden und Verträge sollten Sie selbst transportieren. Und alles, was für Sie einen emotionalen Wert hat – beispielsweise das Hochzeitsfoto Ihrer Großeltern.

Sobald die Möbelspedition alle Kisten ausgeladen und gegebenenfalls die Möbel aufgestellt hat, gehen Sie mit einem Mitarbeiter durch die Räume, um die Arbeit abzunehmen. Falls etwas zerbrochen oder beschädigt ist, müssen Sie das in den Unterlagen festhalten oder spätestens am nächsten Tag schriftlich melden. Schauen Sie darum bei dieser Abnahme genau hin, damit Sie sich im Nachgang nicht ärgern müssen.

Die heiße Umzugsphase

Dann wird es jetzt wohl ernst. Egal, wie gut Sie alles organisiert haben: Rechnen Sie mit unvorhergesehenen Pannen. Es geht nie alles glatt an solchen Ausnahmetagen. Hier lesen Sie, wie Sie zumindest in der Theorie gut durch diese Zeit kommen.

Der Umzugstag

Der große Tag ist da. Heute muss alles möglichst reibungslos klappen. Darum ist es wichtig, dass man sich selbst und seine Helfer gut organisiert. Außerdem gibt es sowohl in der alten als auch in der neuen Wohnung einige Dinge, die man auf keinen Fall vergessen sollte.

Wenn Sie den Umzug selbst machen, werden Sie einen Miettransporter und gute Freunde benötigen. Um beides müssen Sie sich schon Wochen vor dem Umzug kümmern. Mehr zu diesem Thema finden Sie auf Seite 48. Falls Sie sich dafür interessieren, wie Sie besonders günstig einen Miettransporter leihen, werfen Sie einen Blick auf Seite 49.

Der Mietlaster

Denken Sie zunächst daran, dass Sie den Mietlaster rechtzeitig abholen müssen. Je früher am Tag Sie mit dem Umzug beginnen wollen, desto eher müssen Sie den Wagen abholen. Erkundigen Sie sich rechtzeitig, wann die Verleihstation öffnet. Falls das für Ihre Pläne zu spät ist, sollten Sie den Wagen schon am Vorabend abholen.

UNSER RAT

Kostentreiber Zusatzversicherung

Lassen Sie sich bei der Abholung am Schalter keine zusätzlichen Versicherungen aufdrängen. Es gibt Verleihfirmen, die großen psychischen Druck auf ihre Kunden ausüben, Angstszenarien aufbauen und versuchen, die Kunden davon zu überzeugen, dass sie zusätzliche Versicherungen benötigen. Wenn Sie bei der Wahl des Wagens bereits die richtigen Entscheidungen entsprechend Ihres Sicherheitsbedürfnisses getroffen haben, benötigen Sie auch jetzt keine weiteren Policen.

Worauf Sie bei der Abholung achten sollten

Inspizieren Sie das Auto, so gut Sie das als Laie können: Dokumentieren Sie Lackschäden, testen Sie bei der Fahrt vom Gelände die Bremsen, schalten Sie die Scheibenwischer einmal ein. Funktionieren die Sicherheitsgurte, das Licht, die Blinker? Haben die Reifen genügend Luft? Ist der Tank voll? Wie lässt sich der Tankdeckel öffnen?

Wir wollen den Teufel nicht an die Wand malen – aber klären Sie mit dem Transporter-Vermieter, was im Falle eines Unfalls passieren soll. In der Regel ruft man den Verleiher sowie die Polizei an. Für den Schaden kommt die Kasko- oder Haftpflichtversicherung auf. Wissen Sie, wie hoch Ihre Selbstbeteiligung maximal sein darf? Wird das Auto gestohlen, sollte der Verleiher auch sofort informiert werden, ebenso die Polizei. Fragen Sie vor der Abfahrt, ob die Vollkasko auch bei Diebstahl einspringt.

Erkundigen Sie sich, ob Sie den Wagen mit vollem Tank zurückbringen müssen. In der Regel ist das deutlich günstiger, als das Angebot des Vermieters anzunehmen, dass er für Sie tankt. Falls es aber spät werden könnte und Sie in einer Region wohnen, in der es nur wenige Tankstellen gibt oder wo die Tankstellen nicht lange geöffnet sind, kann es besser sein, dass Sie dafür bezahlen, dass der Vermieter tankt.

Jetzt sollten Sie außerdem klären, bis zu welcher Uhrzeit Sie den Wagen zurückbringen müssen. Es gibt Verleiher, bei denen Sie bei der Abgabe keinen Kontakt zu einem Menschen haben werden, sondern nur den Schlüssel in einen Kasten werfen müssen. In diesem Fall ist es besonders wichtig, dass Sie für sich dokumentieren, dass der Wagen keine Schäden hat. Machen Sie Fotos mit dem Handy oder filmen Sie das Auto einmal so, dass man erkennen kann, dass alles in Ordnung ist.

Kontrollieren Sie Ihr Umzugsgut

Bevor Ihre Helfer oder das Umzugsunternehmen kommen, sollten Sie ein letztes Mal Ihr Umzugsgut kontrollieren: Sind alle Kisten richtig beschriftet? Sie können auch noch kleine Aufkleber auf der Rück- oder Unterseite von Möbeln anbringen und Nummern vergeben. So können Sie sicher sein, dass die Kisten und Möbel in die richtigen Räume kommen.

Liegen ausreichend Pläne mit Informationen für die Helfer bereit? Haben Sie zwei Kisten mit Getränken und Snacks gepackt, von denen eine in der alten Wohnung bleiben soll, bis diese leer ist, und die zweite bei der ersten Tour in die neue Wohnung mitgeht?

Stehen zwei Werkzeugkisten mit Schraubendrehern, Hammer und Zange bereit? Auf Seite 131 finden Sie eine Checkliste mit wichtigen Werkzeugen, die Sie beim Umzug wahrscheinlich brauchen werden. Haken Sie die Positionen ab, um nichts zu vergessen.

UNSER RAT

Umzugsversicherung – Top oder Flop?

Kurzzeitversicherungen liegen im Trend. So kann man beispielsweise für einen Tag eine Unfallversicherung abschließen, wenn man Skifahren geht. Oder für den Umzugstag zum Beispiel bei HDI eine spezielle Police. Sie besteht aus Haftpflicht-, Hausrat- und Unfallschutz und kostet knapp 30 Euro. Das wäre ein fairer Preis, wenn man bei Abschluss sicher sein könnte, dass für alle möglichen Schäden gehaftet wird: Ein kaputtes Fenster im Treppenhaus etwa, eine gestohlene Kiste mit Laptop oder ein falsch betankter Transporter beispielsweise. Doch leider ist das nicht so. Vielmehr wird mit einem solchen Versicherungsschutz Geld verdient mit der Angst der Umziehenden: Zusätzlich zu den schon entstandenen Kosten könnten durch Schäden die Ausgaben steigen. Stiftung Warentest hat im September 2018 das Angebot unter die Lupe genommen: Schmuck und Bargeld, die aus dem Transporter verschwinden, sind gar nicht versichert. Ein teures Laptop, ein neuer Fernseher oder anderer Hausrat maximal bis 2 000 Euro. Die Haftpflichtversicherung ist auf 500 Euro begrenzt.

Unser Rat: Verzichten Sie auf diese Art von Kurzzeitversicherungen. Achten Sie lieber darauf, generell einen guten Schutz bei der privaten Haftpflicht und dem Hausrat sowie eventuell auch eine Unfallversicherung zu haben.

Achten Sie beim Ausladen darauf, dass alle Kisten in der Mitte der Räume gestapelt werden, und nicht an den Wänden. Denn wenn Sie dort zunächst Kisten abstellen, müssen Sie diese später erst beiseite räumen, um mit dem Möbelaufbau beginnen zu können.

Wenn alles soweit vorbereitet ist, müssen jetzt nur noch die Helfer kommen. Übrigens finden Sie auf Seite 132 eine Checkliste, damit Sie alle notwendigen Dinge bei sich haben, um die fleißigen Helfer am Umzugstag zu versorgen.

So organisieren Sie Ihre Helfer

Natürlich ist fast jeder in seinem Leben schon einmal umgezogen. Allerdings ist das Ihr Umzug, und Ihre Helfer können keine Gedanken lesen. Darum müssen Sie klar kommunizieren, wie der Umzug ablaufen soll. Dazu ist es sinnvoll, dass jeder Helfer einen Blick auf einen Wohnungsplan werfen kann und auf allen Kisten steht, wo sie künftig stehen sollen.

Fragen Sie außerdem einmal ab, ob alle Helfer Ihre Handynummer haben, für den Fall, dass es ein Problem gibt. Überprüfen Sie, ob Ihr Handy auf laut gestellt ist, und bitten Sie auch Ihre Helfer, dies zu tun. Klären Sie auch für alle, wer Schlüssel zur Wohnung hat.

Geht beim Umzug übrigens etwas kaputt, ist das in aller Regel Ihr Problem – zumindest, wenn Sie mit Freunden den Umzug machen. Die können Sie schließlich nicht dafür bestrafen, dass sie Ihnen helfen. Und darum zahlt in diesem Fall in aller Regel auch die private Haftpflichtversicherung des Helfers nicht. Zur Sicherheit können Sie Ihre Helfer trotzdem noch ein Stück weiter entlasten, indem Sie einen kurzen Text unterschreiben: „Helfer X haftet bei dem Umzug von Z nur für Vorsatz und grobe Fahrlässigkeit".

Im Gegensatz heißt das: Wenn also nach dem Umzug eine Scheibe zu Bruch gegangen oder der Hausflur verkratzt ist, haften Sie dafür. Das ist anders, wenn Sie mit einem professionellen Umzugsunternehmen umziehen, das entsprechend versichert ist (siehe Seite 73).

Schäden durch freiwillige Helfer

Wenn Freunde beim Umzug helfen und dadurch im Treppenhaus Schäden entstehen, kann der Vermieter vom Mieter Ersatz für die Renovierungskosten verlangen (Amtsgericht Gummersbach, Az. 10 C 169/09).

Gerichte sehen unentgeltliche Helfer bei Schäden durch ein Missgeschick oft nicht in der Haftung (Amtsgericht Plettenberg, Az. 1 C 345/05). Dafür springt bei einem Umzug dann die Privathaftpflicht des Umziehenden ein. Hat allerdings der Helfer einen groben Fehler gemacht, zahlt seine Versicherung.

Übrigens haftet der Mieter auch für Schäden, die professionelle Umzugsfirmen während des Möbeltransports zum Beispiel im Flur anrichten (Landgericht Duisburg, Az. 7 S 260/01). Aber: Wenn der Mieter zahlen muss, kann er sich anschließend das Geld vom Umzugsunternehmen zurückholen. Dazu muss er die Fristen wahren – siehe Seite 75.

Lässt sich der Vermieter zu viel Zeit, seine Ansprüche gegenüber einem Neumieter geltend zu machen, hat er Pech gehabt: Sie verjähren nach sechs Monaten (Amtsgericht Köln, Az. 201 C 25/11).

In der neuen Wohnung

Sobald Sie die neue Wohnung am Umzugstag das erste Mal betreten, sollten Sie einige Dinge organisieren, die den gesamten Ablauf vereinfachen werden:

1 Hängen Sie einen Plan der Wohnung an die Eingangstür, sodass jeder Helfer einen Blick darauf werfen kann und somit von Anfang an Orientierung in den neuen Räumen hat.

2 Hängen Sie einen Zettel mit der Raumbezeichnung an jede Zimmertür. So wissen die Helfer, welche Kisten in welches Zimmer müssen.
3 Bringen Sie Toilettenpapier und ein Handtuch sowie Seife ins Bad.
4 Notieren Sie den Strom-, Wasser- und Gaszählerstand.
5 Überprüfen Sie, ob die Beschriftung im Sicherungskasten richtig ist. Das mag unnötig klingen, schließlich hat wahrscheinlich schon vor Ihnen jemand in der Wohnung gewohnt. Trotzdem bedeutet das nicht, dass der Sicherungskasten richtig beschriftet ist. Bevor Sie also Lampen aufhängen, sollten Sie überprüfen, was passiert, wenn Sie in einem Zimmer den Strom abschalten: Sind dann auch wirklich alle Steckdosen tot? Benutzen Sie einen Phasen- oder Spannungsprüfer, um die Anschlüsse für Lampen zu checken. Hält man den Prüfer an die Kabel und drückt auf das hintere Ende, sollte nichts passieren. Leuchtet dagegen der transparente Teil, ist noch Strom auf der Leitung.
6 Hängen Sie gleich schon mal zwei oder drei Glühbirnen in der neuen Wohnung auf. Wenn es dunkel wird und Ihnen dann erst auffällt, dass etwas fehlt, könnte das zu spät sein.
7 Deponieren Sie die Werkzeugkiste so, dass jeder sie findet, aber keiner darüber stolpert.
8 Stellen Sie die Kiste mit Getränken und Snacks für alle zugänglich (in der Küche) ab.
9 Legen Sie ein Notfallset an einen zentralen Punkt, damit jeder weiß, wo es ist.

Fertig? Dann können Sie jetzt beginnen, Ihren Hausrat in die Wohnung zu tragen. Sinnvollerweise beginnen Sie damit, das Wohn- und die Kinderzimmer einzuräumen. Sobald dort die Betten stehen, sollten Sie sie auch aufbauen. Dann ist gewährleistet, dass Sie in der neuen Wohnung zumindest schon einmal übernachten können – selbst wenn um Sie herum noch das wahre Chaos herrscht.

Tipp: Falls Sie sehr kurzfristig bemerken, dass Sie im Hotel übernachten wollen: In vielen Städten findet man beispielsweise über die App „Hotel Tonight" Schnäppchen in letzter Minute.

Eine gute Idee ist es außerdem, bald auch das Badezimmer herzurichten. Denn solange dort kein Duschvorhang hängt, ist es schwierig zu duschen. Darum ist es sinnvoll, einen Duschvorhang schon vor dem Umzug zu kaufen – wenn man denn keine Duschkabine im Badezimmer hat.

Wahrscheinlich werden Sie erst am nächsten Tag dazu kommen, die neue Wohnung zu putzen. Das sollten Sie aber auf jeden Fall gründlich machen, bevor Sie die Schränke aufbauen und einräumen. Selbstverständlich gilt das ganz besonders für einen Kühlschrank und einen Herd, den Sie eventuell übernehmen, und auch für die Bäder und die Toiletten.

Wenn Sie Haustiere mit umziehen

Spätestens, wenn Sie den Umzugswagen das letzte Mal gefüllt haben, wird es auch Zeit, die Haustiere mitzunehmen. Haben Sie sie bei Freunden oder Bekannten untergebracht? Dann müssen Sie sie jetzt natürlich noch abholen.

Denken Sie vor allem vor einer langen Fahrt daran, mit dem Hund noch kurz Gassi zu gehen und den Tieren vielleicht einen Happen Futter zu geben. Dann sollten Sie sie in Ihrem Wagen transportieren, nicht im Umzugswagen, das ist viel zu gefährlich. Viel zu schnell kann dort etwas umfallen und das Tier verletzen.

In der neuen Wohnung bringen Sie das Tier am besten in ein Zimmer, in dem es noch oder schon ruhig ist. Wenn später die Wohnungs- und die Haustür geschlossen sind, und nicht mehr ganz so viele Menschen mit schweren Gegenständen herumlaufen, können Sie die Tiere aus dem Raum herauslassen.

Beim endgültigen Verlassen der alten Wohnung

Vielleicht schaffen Sie es noch am Umzugstag selbst, sonst ist der nächste Tag gut dafür geeignet, in der alten Wohnung noch Restarbeiten durchzuführen. Müssen Sie Schönheitsreparaturen durchführen, sind Sie dort natürlich noch etwas länger beschäftigt. Was dabei auf Sie zukommt, lesen Sie auf Seite 59.

Müssen Sie die Wohnung nur besenrein übergeben, sollten Sie auf jeden Fall einmal saugen oder fegen. Sinnvollerweise reinigen Sie in einer Küche, die in der Wohnung bleiben soll, auch den Backofen und die Spüle. Putzen Sie einmal das Badezimmer durch, und falls die Fensterscheiben einen Belag haben, wäre es auch ganz gut, sie einmal zu putzen. Das allerdings macht man besser schon vor dem Umzug, weil es zeitintensiv ist. Falls Müll übriggeblieben ist, entsorgen Sie diesen noch.

Entfernen Sie schließlich noch Ihre Namensschilder an der Klingel, an der Wohnungstür und am Briefkasten – und das war's dann.

Dann müssen Sie nur noch die Zählerstände von Wasser, Strom sowie eventuell Gas aufschreiben, wenn Sie das nicht bereits erledigt haben. Sie werden ja auch noch im Übergabeprotokoll für die Wohnung festgeschrieben.

Unterscheiden Sie Warm- und Kaltwasserzähler für die Wohnung. Falls Sie an den Heizungen Zählerstände ablesen können, sollten Sie bei jedem Heizkörper vermerken, in welchem Raum er steht. Dokumentieren Sie die Zählerstände am einfachsten auch mit Fotos auf Ihrem Smartphone.

Als letzte Handlung findet eine **Übergabe der Wohnung** mit dem alten Vermieter statt. Nutzen Sie dazu das Übergabeprotokoll ab Seite 141. Einen Ausfüllhinweis dazu finden Sie auf Seite 40.

Sobald der Vermieter die Wohnungsschlüssel übernommen hat, sollten Sie um die Überweisung der Kaution bitten.

In der Praxis kann es so aussehen, dass der Vermieter Geld zurückbehält, falls Sie in den Jahren zuvor bei den Betriebskosten eine Nachzahlung leisten mussten. Haben Sie dagegen Geld zurückbekommen und ist mit der Wohnung alles in Ordnung, gibt es keinen Grund, die Kaution zurückzuhalten. Die Betriebskostenabrechnung wird allerdings erst im kommenden Jahr gemacht werden. Im schlimmsten Fall müssten Sie also ziemlich lange auf Ihr Geld oder einen Teil davon warten.

Betriebskosten prüfen

Betriebskostenabrechnungen sind häufig falsch. Darum sollten Sie sich Ihre Abrechnung ganz genau ansehen – besonders, wenn sie erst lange nach Ihrem Auszug kommt. Angenommen, Sie ziehen im Juni aus. Dann muss der Vermieter eine Zwischenablesung veranlassen. Der Abrechnungszeitraum geht aber bis Dezember. Abgelesen werden Heizungs- und Wasserzähler im Frühjahr, die Abrechnung gibt es meist im Sommer. Das heißt, Sie müssen locker ein Jahr, eventuell sogar länger auf diese Abrechnung warten. Falls Sie nichts von Ihrem ehemaligen Vermieter hören: Fragen Sie ruhig einmal nach.

Abrechnen darf er unter anderem anteilig die Kosten für Heizung und Warmwasser, Grundsteuer, Gartenpflege, Straßenreinigung und Versicherungsbeiträge, so wie bisher schon währende der laufenden Vermietung. Die vollständige Liste steht in der Betriebskostenverordnung. Sie finden sie im Internet (**www.gesetze-im-internet.de/betrkv**).

Vergleichen Sie die Summen mit denen des Vorjahrs. Wenn Sie unterjährig ausgezogen sind, müsste die Summe der letzten Abrechnung in der Regel niedriger sein. Die Kosten werden entweder nach Wohnfläche, nach Anzahl der Haushaltsmitglieder oder Wohneinheiten berechnet. Wird die Wohnfläche zugrunde gelegt, ist es wichtig, dass die Größe der Wohnung mit der genannten Zahl im Mietvertrag übereinstimmt.

Darum ist es auch wichtig, dass Sie die neue Wohnung für die kommenden Betriebskostenabrechnungen nachmessen. Mehr dazu auf Seite 35. Das Thema Nebenkosten wird ausführlich in unserem Buch „Mieter-Set“ behandelt.

Die ersten Wochen in der neuen Wohnung

Auch wenn Sie schon die ersten Nächte in der neuen Wohnung übernachtet haben: Der Umzug ist jetzt noch nicht vorbei. Sie müssen sich noch ummelden, Ihre neue Adresse bekannt machen und sich und Ihre Familie an die neue Umgebung gewöhnen. Lesen Sie hier, was jetzt noch zu tun ist.

Die ersten 14 Tage in der neuen Wohnung

Geschafft! Die Schlepperei ist vorbei. Jetzt müssen Sie sich noch einrichten – und einigen wichtigen Papierkram erledigen. Dazu gehört vor allem ein Behördengang: Sie müssen zum Einwohnermeldeamt. Dort müssen Sie sich ummelden. Aber auch einige Versicherungen sollten Sie anpassen.

Denken Sie daran: Sie haben streng formal nur 14 Tage Zeit sich umzumelden. **Beim Einwohnermeldeamt** benötigen Sie:

→ den Personalausweis und Reisepass – gegebenenfalls auch die Ihrer Kinder.

→ Je nach Stadt müssen Sie ein Ummeldeformular ausfüllen – oft können Sie das im Internet herunterladen und schon zu Hause ausfüllen.

→ Die Zulassungsbescheinigung Ihres Fahrzeugs sowie den Nachweis der letzten Hauptuntersuchung. In einigen Städten müssen Sie das Auto allerdings bei der Zulassungsstelle ummelden. Seit 2015 brauchen Sie aber selbst bei einem bundeslandüberschreitenden Umzug kein neues Nummernschild mehr.

→ Falls Sie als Eigentümer umziehen: den Grundbuchauszug, Notarvertrag oder Grundsteuerbescheid.

→ Falls Sie als Mieter umziehen: eine Bestätigungsbescheinigung Ihres Vermieters.

Die Ummeldung für den Rundfunkbeitrag können Sie online erledigen (**www.rundfunkbeitrag.de**). Dazu benötigen Sie allerdings Ihre Beitragsnummer, die beispielsweise auf dem Kontoauszug steht oder auf der Beitragsrechnung.

Wenn Sie sowieso schon am Computer sitzen, können Sie auch **Ihrer Bank** gleich die neue Adresse mitteilen. Sie müssen nicht zwingend die Bank wechseln, wenn Sie von einer Stadt in die andere ziehen, aber es kann von Vorteil sein, wenn man eben schnell in der zuständigen Filiale vorbeigehen kann. Auch bei vielen **Versicherungen** werden Sie bereits online Ihre neue Adresse angeben können. Vergessen Sie nicht, bei der Hausrat- und der Kfz-Versicherung Ihren Umzug zu melden. Er kann Auswirkungen auf die Bemessung Ihrer Versicherungsbeiträge haben. Lesen Sie dazu mehr ab Seite 89.

Auf Seite 113 finden Sie eine Checkliste, die Ihnen dabei hilft, sich überall umzumelden. Sie können sich Ab-, An- und Ummeldungen ein bisschen bequemer machen, wenn Sie zunächst im Internet schauen, was sich bereits online erledigen lässt. Auch **dem Arbeitgeber** müssen Sie die neue Adresse sofort mitteilen.

→ S. 113

Ausfüllhilfe Ummeldung

Tragen Sie in jede Zeile ein, wann Sie die Ummeldung erledigt haben. So sind Sie sicher, dass Sie nichts vergessen werden. Am Ende der Tabelle ist noch Platz für Ihre Ergänzungen.

Außerdem können Sie jetzt in der alten Wohnung selbst **Schönheitsreparaturen** durchführen oder sie von einem Handwerker erledigen lassen – wenn Sie das überhaupt tun müssen. Dazu finden Sie mehr Informationen auf Seite 59. Sobald die Wände getrocknet sind und die Wohnung besenrein ist, sollten Sie mit dem ehemaligen Vermieter einen Termin für die **Wohnungsrückgabe** ausmachen. Dann sollten Sie auch klären, wann Sie die gezahlte Kaution zurückbekommen.

Falls Sie in eine andere Stadt gezogen sind, werden Sie eine neue **Festnetznummer** bekommen haben. Denken Sie daran, sie allen Freunden und Familienmitgliedern mitzuteilen. Das geht besonders einfach per E-Mail oder SMS. Achten Sie darauf, wenn Sie eine E-Mail an viele Empfänger schreiben, dass Sie die Kontaktdaten nicht für alle sichtbar machen, sondern sie ins Feld „Bcc" schreiben.

Die Einweihungsparty planen

Nachdem Sie alles erfolgreich hinter sich gebracht haben, sollten Sie Ihren Freunden Ihr neues Zuhause vorstellen. Das können Sie gleichzeitig mit einem Dankeschön an Ihre Helfer verbinden: Planen Sie eine Einweihungsparty. Lassen Sie sich deshalb nicht Zeit, bis alles perfekt eingerichtet ist. Erstens kann man so empfindliche Sachen in den Kartons geschützt stehen lassen und hat noch viel Platz, zweitens schiebt man dadurch die Einladung zur Einweihungsfeier nicht immer länger vor sich her ... bis sie sich im Grunde erübrigt hat.

Laden Sie alle diejenigen ein, die Ihnen geholfen haben, und natürlich auch andere Freunde, Bekannte und Kollegen. Vergessen Sie Ihre neuen Nachbarn nicht. Wenn sie bei Ihrer Feier dabei sind, werden sie sich wahrscheinlich nicht so schnell über die laute Musik und den Lärm aus Ihrer Wohnung beschweren. Zusätzlich sollten Sie im Treppenhaus einen Aushang machen und darauf hinweisen, dass es ausnahmsweise etwas lauter werden kann.

Umzug mit Kindern

Wer mit Kindern umzieht, ist noch ein bisschen mehr in der Verantwortung. Das gilt besonders dann, wenn Sie die Stadt wechseln. Denn dann werden Ihre Kids aus ihrem Alltag gerissen. Sie sollten ihnen helfen, im neuen Zuhause anzukommen und sich wohlzufühlen.

Für Kinder ist ein Umzug manchmal richtig hart; besonders dann, wenn sie ihre alten Freunde verlassen müssen. Hier sind einige Tipps, wie Sie den Umzug für sie möglichst freundlich gestalten können.

➔ Schreiben Sie die neue Adresse ins Smartphone Ihres Kindes. Falls es die vergisst und es sich verlaufen hat, kann es so leichter nach dem Weg fragen oder ihn in einem Kartendienst beziehungsweise Routenplaner nachsehen.

➔ Machen Sie eine Einweihungsparty für die Kinder: Sie sollen ihre Mitschüler oder die Freunde aus dem Kindergarten einladen, sodass sich alle besser kennenlernen.

➔ Entdecken Sie mit den Kindern gemeinsam das Dorf oder den Stadtteil: Wo gibt es Spielplätze, welcher Weg führt zur Schule, wo können sie sich gegebenenfalls etwas zu essen kaufen, falls Sie sich verspäten? Schicken Sie die Kinder nach und nach alleine los, damit sie kleine Einkäufe übernehmen und sich mit der neuen Umgebung vertraut machen.

➔ Sprechen Sie mit den Lehrern, falls Ihre Kinder schon in die Schule gehen: Kommen sie beim Stoff mit oder brauchen sie Nachhilfe? Falls sie Unterstützung benötigen, sollten Sie sie so früh wie möglich gewähren.

➔ Spielt Ihr Kind Fußball oder ein Instrument oder turnt es? Vielleicht gibt es in der Nähe einen Verein, in dem es Mitglied werden will. Das hilft auch dabei, dass es sich schneller integriert.

Stromanbieter wechseln und Geld sparen

Ein Umzug ist ein guter Zeitpunkt, mit alten Gewohnheiten zu brechen und Dinge von Grund auf neu zu regeln. Das gilt auch für die Wahl des Stromanbieters beziehungsweise des Tarifs.

Sie müssen den Stromanbieterwechsel nicht zwingend schon aus der alten Wohnung heraus angehen. Wenn Sie keinen Vertrag mit einem Anbieter haben, kommen Sie beim Grundversorger in den Grundtarif. Das können Sie aber grundsätzlich relativ schnell ändern. Darum können Sie das auch erst angehen, wenn Sie schon in der neuen Wohnung sind.

71 Prozent der Haushalte werden noch immer von ihrem Grundversorger mit Strom beliefert; und das, obwohl die Strommarktliberalisierung gut 20 Jahre her ist. Dabei kann es sich lohnen, über einen Wechsel des Anbieters oder zumindest des Vertragstarifs nachzudenken. Denn das Einsparpotenzial liegt je nach Stadt, Verbrauch, Anbieter und Tarif gut im mittleren dreistelligen Euro-Bereich pro Jahr. Daran hat auch nichts geändert, dass viele Geräte für den Haushalt und vor allem Leuchtmittel heute deutlich weniger Strom verbrauchen als noch vor 20 Jahren. Denn die Zahl der Geräte hat deutlich zugenommen. Smartphones, Tablets, Smartwatches oder digitale Sprachassistenten gab es zum Beispiel zu Beginn der Strommarktliberalisierung noch nicht.

Niemand muss Angst davor haben, nach einem Wechsel des Anbieters plötzlich im Dunkeln zu sitzen, denn falls ein Wechsel nicht wie erwartet klappt, liefert immer der Grundversorger.

Wer sich für einen Wechsel interessiert, geht auf eine der einschlägigen Internetplattformen und vergleicht dort die Preise. Dazu muss man die Postleitzahl eingeben und den Verbrauch, der auf der jährlichen Abrechnung des Lieferanten genannt wird. Dann sucht man sich einen passenden Anbieter. Dieser kündigt im Namen des neuen Kunden den alten Vertrag. Als Kunde muss man nur noch beiden Unternehmen den Zählerstand mitteilen – und schon ist der Wechsel perfekt. Siehe dazu auch die praktische Onlineanleitung bei: **www.test.de/Gewusst-wie-Versorger-wechseln-4630632-0**.

Das einzige Hindernis beim Wechsel kann **die Kündigungsfrist** sein – die erfragt man am besten bei dem Stromanbieter, bei dem man unter Vertrag ist. Möglicherweise sind Sie an eine Mindestlaufzeit gebunden.

Allerdings kann es bei einem Umzug auch Sonderkündigungsrechte geben. Schauen Sie darum in Ihren Vertrag. Übrigens: Wenn der Strompreis erhöht wird,

UNSER RAT

Den Stromverbrauch ermitteln

Wenn Sie zum ersten Mal eine eigene Wohnung beziehen, werden Sie nicht wissen, wie hoch Ihr Verbrauch sein wird. Sie können Ihren Vormieter fragen, wie viel Strom er verbraucht hat. Oder jemanden, der ähnlich lebt wie Sie. Außerdem gibt es auf den Internetseiten vieler Anbieter spezielle Rechner, mit denen Sie zumindest Näherungswerte erhalten werden.

was meistens zum Jahresanfang passiert, haben Kunden auch ein Sonderkündigungsrecht und kommen somit schneller aus ihrem Vertrag heraus.

Allerdings sollten Sie sich nicht nur vom Preis blenden lassen. Die günstigsten Tarife haben oft die längsten Laufzeiten. Findet man also nach kurzer Zeit ein besseres Angebot, ist man möglicherweise noch lange beim teureren Versorger gebunden.

Vorsichtig sollte man auch beim **Wechselbonus** sein. Dadurch spart man zwar grundsätzlich im ersten Jahr. Ab dem zweiten Jahr steigt der Preis dann allerdings.

Außerdem sollten Sie nie auf Vorkasse eingehen. Denn falls der Stromanbieter insolvent wird, ist das bereits gezahlte Geld weg. Auch bei Strompaketen sollte man vorsichtig sein. Denn wenn man mehr benötigt, als man gekauft hat, kann es teuer werden.

Manchmal reicht es übrigens schon, wenn man bei einem Anbieter aus dem Grundtarif in einen anderen Tarif wechselt, um zu sparen. Das ist besonders einfach, denn man muss nur dem Unternehmen Bescheid geben. Das geht in der Regel schon über das Internet.

Kompliziert wird es, wenn Sie aus einer Partnerschaft oder einer Wohngemeinschaft ausziehen und dort gemeinsam einen Vertrag bei einem Stromlieferanten unterschrieben haben. Dann müssen Sie nämlich diese Vertragspartnerschaft auflösen. Sonst bleiben Sie in der Haftung. Heißt: Zahlt Ihr Ex-Partner oder zahlen Ihre Ex-Mitbewohner seine/ihre Rechnung nicht, kann das Unternehmen bei Ihnen den ausstehenden Betrag einfordern. Lassen Sie sich darum schriftlich bestätigen, dass Sie nicht mehr Vertragspartner sind.

Versicherungen anpassen

Nach einem Umzug sollten Sie mindestens mit der Hausratversicherung und Ihrem Kfz-Versicherer Kontakt aufnehmen, den Umzug mitteilen und die Versicherungskonditionen überprüfen.

Die Hausratversicherung

Möglicherweise ändert sich an der Versicherungssumme etwas dadurch, dass Sie an einen anderen Ort gezogen sind, oder auch einfach nur dadurch, dass Ihre Wohnung größer oder kleiner geworden ist.

Bei der Hausratpolice spielt die versicherte Summe eine wesentliche Rolle. Übersteigt der Wert des Hausrats die im Vertrag genannte Summe, ist der Versicherungsnehmer im Schadenfall unterversichert. Eine solche Unterversicherung lässt sich durch den so genannten **Unterversicherungsverzicht** ausschließen. Viele Versicherer empfehlen, jeden Quadratmeter Wohnfläche pauschal mit 650 Euro abzusichern. Dementsprechend ist eine Wohnung mit 75 Qua-

CHECKLISTE

Kfz-Versicherung: Das kann sich durch einen Umzug ändern

Regionalklasse. Je nachdem, in welchem Ort Sie leben, zahlen Sie mehr oder weniger für die Versicherung. Denn die Zulassungsbezirke sind in Regionalklassen unterteilt. Sie unterscheiden sich je nach Versicherungsrisiko. In die Risikoberechnung fließt ein, wie hoch die Unfallhäufigkeit im jeweiligen Zulassungsbezirk ist, wie die Straßenverhältnisse sind und auch, wie viele Autos dort zugelassen sind.

Stellplatz. Steht Ihr Auto in der Garage, ist das in der Regel sicherer, als wenn Sie auf der Straße parken. Oft gibt es darum für Garagenstellplätze einen Rabatt. Ändert sich durch den Umzug auch der Stellplatz für Ihren Wagen, kann das also den Kfz-Versicherungspreis beeinträchtigen.

Gefahrene Kilometer. In die Höhe Ihres Beitrags fließt auch ein, wie viel Sie im Jahr fahren. Angenommen, Sie reduzieren durch den Umzug Ihren täglichen Fahrweg zur Arbeit von 30 auf 20 Kilometer, dann wären das bei 210 Arbeitstagen im Jahr statt 6 300 nur noch 4 200 Kilometer. Möglicherweise würden Sie dann statt 15 000 Kilometer Jahresfahrleistung nur noch knapp 10 000 Kilometer schätzen und melden. Das kann Auswirkungen auf die Beitragshöhe haben. Müssen Sie künftig aber weitere Strecken zurücklegen, steigt der Beitrag natürlich.

Wohn- und Lebenssituation. Es gibt Versicherungen, die einen Rabatt zahlen, wenn Sie im Eigentum wohnen. Darum sollten Sie auch das melden, falls es bei Ihnen der Fall ist. Ähnlich ist es mit Kindern: Sollten Sie welche bekommen, sollten Sie sie bei der Versicherung melden. Sie können sich auf den Preis auswirken.

ÖPNV-Nutzer. Manche Versicherungen geben einen Rabatt, wenn Sie ein Jahresticket für Bus oder Bahn oder eine Bahncard haben. Falls Ihr Umzug berufsbedingt ist und Sie jetzt eines der Produkte nutzen, sollten Sie auch das angeben.

dratmetern bis zu 48 750 Euro versichert. Wer sich an die Empfehlung hält, kann im Schadenfall mit einer Erstattung bis zur vereinbarten Versicherungssumme rechnen, ohne dass das Unternehmen eine Unterversicherung annimmt. Ziehen Sie in eine größere Wohnung, ist anzunehmen, dass Sie den neu gewonnen Platz füllen werden. Somit steigt der Wert Ihres Hausrats. Bei einer Wohnung von 110 Quadratmetern läge die Versicherungssumme dann bei 71 500 Euro. Sollten Sie sich dagegen verkleinern, kommen Sie bei einer 50 Quadratmeter großen Wohnung nur noch auf eine Versicherungssumme von 32 500 Euro. Entsprechend steigen oder fallen auch Ihre Beiträge.

Die Beiträge der Hausratversicherung richten sich zusätzlich zum Wert des Hausrats auch nach der persönlichen Lebenssituation: Beispielsweise ist der Wohnort sehr wichtig. Auf dem Land sind die Preise oft günstiger als in der Stadt. Denn je höher die Schadenstatistik für Einbruchdiebstahl für einen Ort ist, umso höher sind auch die Versicherungsbeiträge.

Hausratversicherung: Die besten Tarife für Sie

Der Versicherungsvergleich der Stiftung Warentest mit laufend aktualisierten Daten zeigt Ihnen schnell, wie Sie sich besser und günstiger versichern können (www.test.de/Vergleich-Hausratversicherung-4682054-0). Die Kündigung eines Versicherungsvertrags ist zum Ende der Vertragslaufzeit, oft mit einer Frist von drei Monaten möglich – oder nach einem Versicherungsfall. Auch andere Onlineportale bieten Vergleiche zur Hausratversicherung an, oft gratis. Unsere Auswertung hingegen kostet 7,50 Euro. Der Grund: Die Stiftung Warentest kassiert keine Provision von den Versicherern, schließt keine

Versicherer aus und vergleicht aktuelle Tarife am Markt.

Die Kfz-Versicherung anpassen

Ein Umzug führt in der Regel zu anderen Gegebenheiten im Umfeld: Vielleicht steht ein Auto, das früher in der Garage geparkt hat, jetzt nachts auf der Straße. Oder es ändert sich die Regionalklasse oder die jährliche Gesamtkilometerzahl, die Sie mit dem Auto zurücklegen. Darum müssen Sie den Umzug Ihrer Kfz-Versicherung melden.

Der Preis für die Kfz-Versicherung ist abhängig von mehreren Faktoren. Einige können sich durch einen Umzug verändern (siehe Checkliste „Kfz-Versicherung" links). Das hat wiederum Auswirkungen auf den Preis, den Sie zahlen. Einen Umzug müssen Sie darum umgehend der Kfz-Versicherung melden.

Durch die neue Wohnsituation kann es natürlich sein, dass Ihre Kfz-Versicherung nicht mehr die günstigste ist. Machen Sie sich darum einen Vermerk in Ihrem Kalender, dass Sie im Oktober (beziehungsweise rechtzeitig vor der jährlichen Verlängerung Ihrer Police) Kfz-Versicherungen vergleichen wollen, um pünktlich zum 30. November unter Umständen zu einer Gesellschaft zu wechseln, die ein besseres Angebot für Sie hat.

Der Vergleich zur Kfz-Versicherung der Stiftung Warentest

Vergleichen, wechseln – und sparen. Der Tarif-Check lohnt bei der Kfz-Versicherung in jedem Jahr neu. Wie teuer ein Tarif ist, hängt von vielen unterschiedlichen Bedingungen ab. Hier hilft der Vergleich Kfz-Versicherung der Stiftung Warentest (www.test.de/kfz-versicherungsvergleich-1575560-0).

Prüfen Sie weitere Versicherungspolicen

Falls Sie eine Rechtsschutzversicherung für Ihre Wohnung haben, könnte es auch hier zu Änderungen kommen.

Wenn Sie ein Eigenheim gekauft haben, müssen Sie dafür natürlich eine Wohngebäudeversicherung sowie eine Haus- und Grundbesitzerhaftpflicht abschließen. Eventuell ist zusätzlich zur Wohngebäudeversicherung auch eine Elementarschädenversicherung sinnvoll.

Den Umzug steuerlich geltend machen

Wer umzieht, kann unter Umständen das Finanzamt an den Kosten beteiligen. Das gilt beispielsweise dann, wenn der Grund für den Umzug beruflich bedingt war. Oder wenn Sie näher an den Arbeitsplatz gezogen sind. Aber auch bei einem privat veranlassten Umzug können Sie einen Teil der Kosten absetzen.

Wer die Kosten für seinen Umzug von der Steuer absetzen möchte, muss unterscheiden, ob der Anlass beruflich bedingt oder **rein privat** war. Im zweiten Fall können Rechnungen von Spediteuren, Malern und anderen Handwerkern als so genannte haushaltsnahe Dienstleistungen geltend gemacht werden. Wenn Sie den Umzug selbst machen, können Sie die Kosten für beispielsweise einen gemieteten Transporter im Gegensatz dazu nicht absetzen.

Allerdings sind für den Steuerabzug der Handwerkerkosten nur die Arbeitskosten plus Umsatzsteuer und aufgelistete Fahrtkosten relevant. Ausgaben für Materialien wie Tapeten oder Farbe zählen dagegen nicht. Die Lohnkosten sind außerdem gedeckelt: Maximal 6 000 Euro können Sie in einem Jahr geltend machen. Davon werden 20 Prozent, höchstens 1 200 Euro direkt von der Steuerschuld abgezogen. Gut zu wissen: Wenn Sie nach dem Umzug Handwerker beschäftigen, die sich zum Beispiel um die Außenanlagen kümmern, ein Carport oder einen Wintergarten bauen, eine Solaranlage installieren oder das Dach ausbauen, können Sie diese Kosten bis zum Maximalbetrag auch ansetzen. Das geht aber nur, wenn in dem Haus schon vor dem Umzug Türen, Fenster, Treppen, Geländer, Innenputz, Estrich, Heizung und Bad vorhanden sowie Strom und Wasser angeschlossen sind.

Sollten Sie übrigens aus gesundheitlichen Gründen umziehen, können Sie die Ausgaben auch versuchen geltend zu machen. Dann sind es allerdings außergewöhnliche Ausgaben.

UNSER RAT

Handwerkerrechnungen

Verlangen Sie immer eine detaillierte Rechnung. Falls der Handwerker die Arbeits- und Materialkosten pauschal abrechnet, sollte er in der Rechnung den Gesamtbetrag aufteilen. Begleichen Sie die Rechnung außerdem per Überweisung. Das Finanzamt verlangt als Nachweis die Rechnung und den Überweisungsbeleg der Bank.

Mehr absetzen bei beruflich bedingten Umzügen

Ist Ihr Umzug beruflich veranlasst, können Sie deutlich mehr absetzen – zumindest, wenn Ihr neuer Arbeitgeber diese Kosten nicht übernimmt. Dann fallen die Ausgaben nämlich unter die Werbungskosten. Sie tragen diese in Anlage N bei der Steuererklärung ein.

Ein Umzug wegen des Jobs ist steuerlich dann relevant, wenn ...

➜ Sie wegen eines neuen Arbeitsplatzes an einen anderen Ort ziehen.

➜ sich der Arbeitsweg durch den Umzug um mindestens eine Stunde verkürzt. Bei Paaren gilt: Es reicht, wenn einer der Partner nach dem Umzug einen derartig verkürzten Weg zur Arbeit hat.

➜ eine beruflich bedingte, doppelte Haushaltsführung entfällt – entweder, weil die Familie nachkommt oder der Arbeitnehmer wieder an den Familienwohnsitz zieht.

➜ Arbeitnehmer eine Dienstwohnung beziehen oder räumen.

Zwar können Sie nicht alle Kosten rund um den Umzug in der Einkommensteuererklärung anrechnen lassen, aber einige schon. Damit Sie alle Belege parat haben, sollten Sie sie direkt nach dem Umzug zusammenheften, am besten schon chronologisch geordnet.

In der Checkliste „Steuerlich begünstigte Umzugskosten" rechts finden Sie eine Übersicht mit den wichtigsten Positionen. Füllen Sie sie aus, und heften Sie die gesammelten Belege in dieser Reihenfolge ab. So sind Sie gut auf Ihre Steuererklärung vorbereitet.

Zusätzlich kann für weitere Kosten ein Pauschbetrag, die so genannte **Umzugspauschale**, geltend gemacht werden. Das sind beispielsweise Trinkgelder, Renovierungskosten oder die Kosten für den neuen Telefonanschluss. Die Höhe des Pauschbetrags wird in der Regel jährlich etwas nach oben angepasst. Seit dem 1. Februar 2017 beträgt sie für Verheiratete und Lebenspartner 1 >528 Euro, für Singles 764 Euro, pro Kind oder anderen Angehörigen kommen jeweils 337 Euro hinzu.

Das Bundesfinanzministerium hat die neuen Pauschalen für Umzüge seit März 2018, ab April 2019 und ab März 2020 schon veröffentlicht.

Für Ledige ist die Umzugskostenpauschale von 764 Euro auf 787 Euro gestiegen, ab April 2019 liegt sie bei 811 Euro, ab März 2020 bei 820 Euro.
Ehepaare und eingetragene Lebenspartner bekommen das Doppelte.

Für jedes mitziehende Familienmitglied gibt es jetzt zusätzlich 347 Euro, ab April 2019 357 Euro und ab März 2020 361 Euro.

CHECKLISTE

Steuerlich begünstigte Umzugskosten

- ☐ Maximal zwei Reisen für eine Person oder eine Reise für zwei Personen zu Wohnungsbesichtigungen mit 30 Cent pro gefahrenem Kilometer
- ☐ Maklergebühren für Mietimmobilien
- ☐ Bis zu sechs Monate doppelte Mietzahlungen für die alte Wohnung. Hier können Sie die Summe ansetzen, die zwischen dem Auszugstag und dem Ende der Kündigungsfrist anfallen.
- ☐ Bis zu drei Monatsmieten für die neue Wohnung, falls Sie sie noch nicht nutzen können, weil beispielsweise der alte Arbeitsvertrag vielleicht noch läuft. Hier können Sie die Kosten ansetzen, die für die Zeit zwischen dem Kündigungstermin und dem Umzugstag entstehen.
- ☐ Ausgaben für den Transport des gesamten Hausrats
- ☐ Reisekosten am Umzugstag selbst für jedes Haushaltsmitglied
- ☐ Kosten für einen Herd, falls Sie einen neuen benötigen, sowie für Öfen für jedes Zimmer
- ☐ Nachhilfeunterricht für die Kinder.

Brauchen Kinder nach dem Umzug Nachhilfe, muss das Finanzamt 50 Prozent des Höchstbetrags voll anerkennen, vom Rest 75 Prozent. Maximal möglich sind 1 984 Euro, ab April 2019 2 045 Euro und ab März 2020 2 066 Euro.

Für die Pauschale müssen Sie keine Nachweise erbringen. Haben Sie aber alle Belege gesammelt, und kommen Sie damit auf eine Summe, die über dem Pauschbetrag liegt, kann es sich lohnen, sie einzureichen.

Zu den sonstigen Kosten gehören unter anderem Schönheitsreparaturen – falls Sie dazu verpflichtet waren, Trinkgelder für die Möbelpacker, das fachgerechte Ändern und Anbringen von Vorhängen und Rollos und die Gebühren für die Ummeldung.

Urteile zum Thema Umzug und steuerliche Absetzbarkeit

→ Umzüge aus beruflichen Gründen sind steuerlich absetzbar. Dazu gehören auch die Maklerkosten für eine Mietwohnung, nicht jedoch Maklerkosten beim Kauf einer Immobilie (BFH, Az. VI R 188 / 97).

→ Wenn sich der tägliche Arbeitsweg um mindestens eine Stunde verringert, werden die mit dem Umzug verbundenen Kosten steuerlich akzeptiert. Kommen zu dieser Zeitverkürzung noch private Umstände hinzu, müssen die Kosten trotzdem anerkannt werden. Beispiel: Jemand zieht aus beruflichen Gründen um, und wegen einer anstehenden Heirat oder der Geburt eines Kindes in eine größere Wohnung. Dann spielen die privaten Gründe eine „ganz untergeordnete Rolle", urteilte der Bundesfinanzhof (Az. VI R 189/97). Die Ausgaben werden also anerkannt.

→ Wer in einem anderen Land gelebt hat und wegen eines neuen Arbeitsplatzes nach Deutschland zurückkehrt, kann die Umzugskosten steuerlich geltend machen (FG Niedersachsen, Az. 4 K 6/12).

Selbstständige setzen Umzug als Betriebsausgaben ab

Auch als Selbstständiger können Sie einen Umzug steuerlich geltend machen. In diesem Fall sind die entstehenden Kosten Betriebsausgaben, die mithilfe von Quittungen nachgewiesen werden müssen. Allerdings muss der Umzug tatsächlich auch betrieblich sein: Wenn Sie also in ein größeres Büro ziehen oder näher zum Kunden, Kooperationspartner oder Lieferanten, sollte es möglich sein, die Kosten abzusetzen.

Als Betriebsausgaben ansetzbar sind dabei die gleichen Posten wie bei einem Arbeitnehmer. Allerdings können Sie nicht den gesamten Familienumzug als Betriebskosten geltend machen, sondern jeweils nur die anteiligen Summen. Haben Sie also zum Beispiel 140 Umzugskartons gekauft, und 20 sind für Ihr Homeoffice gedacht, können Sie die Kosten für diese 20 Kartons absetzen. Bei anderen Ausgaben wie dem Transport mit dem Umzugsunternehmen oder einer doppelten Mietzahlung rechnen Sie über die Quadratmeterzahl die anteiligen Summen aus. Ist Ihre Wohnung 120 Quadratmeter groß und Ihr Büro 20 Quadratmeter, dann können Sie von allen Ausgaben jeweils ein Sechstel als Betriebsausgaben ansetzen.

Service

Register

Die Stiftung Warentest wurde 1964 auf Beschluss des Deutschen Bundestages gegründet, um dem Verbraucher durch vergleichende Tests von Waren und Dienstleistungen eine unabhängige und objektive Unterstützung zu bieten.

Stiftung Warentest
Lützowplatz 11–13
10785 Berlin
Telefon 0 30/26 31–0
Fax 0 30/26 31–25 25
www.test.de
email@stiftung-warentest.de

USt-IdNr.: DE136725570

Vorstand: Hubertus Primus
Weitere Mitglieder der Geschäftsleitung:
Dr. Holger Brackemann, Daniel Gläser

Programmleitung: Niclas Dewitz

Autorin: Bettina Blaß

Projektleitung/Lektorat: Uwe Meilahn
Korrektorat: Maria Völker, Berlin
Fachliche Unterstützung: Dierk Hochgesang
Titelentwurf: Philip Hailperin, Berlin
Layout: Büro Brendel, Berlin
Grafik, Satz: Anne-Katrin Körbi
Illustrationen/Infografik: Anne-Katrin Körbi
Bildredaktion: Anne-Katrin Körbi
Bildnachweis: plainpicture/Lubitz + Dorner (Titel)

Produktion: Vera Göring
Verlagsherstellung: Rita Brosius (Ltg.), Romy Alig, Susanne Beeh
Litho: tiff.any, Berlin
Druck: Rasch Druckerei und Verlag GmbH & Co. KG, Bramsche

ISBN: 978-3-7471-0049-3

Wir haben für dieses Buch 100 % Recyclingpapier und mineralölfreie Druckfarben verwendet. Stiftung Warentest druckt ausschließlich in Deutschland, weil hier hohe Umweltstandards gelten und kurze Transportwege für geringe CO_2-Emissionen sorgen. Auch die Weiterverarbeitung erfolgt ausschließlich in Deutschland.

Service

Alle Formulare können Sie auch kostenlos herunterladen. Sie finden sie unter **www.test.de/ formulare-umzugsset**

Formulare
zum Heraustrennen

Die neue Wunschwohnung

Wie viele Wohnräume brauchen wir?

_____ Wohnzimmer

_____ Esszimmer (separat von Wohnzimmer)

_____ Schlafzimmer

_____ Kinderzimmer

_____ Arbeitszimmer oder Hobbyraum

_____ Gästezimmer

_____ Küche

_____ Badezimmer

_____ Gäste-WC

_____ Sonstige Räume

_____ **Zahl der Wohnräume**

Was ist uns noch wichtig?

- ☐ Abstellraum (in der Wohnung)
- ☐ Keller(-abteil)
- ☐ Wäschekeller
- ☐ Fahrradkeller
- ☐ Speicher
- ☐ Balkon
- ☐ Terrasse
- ☐ Garten
- ☐ Garage oder Carport
- ☐ Kamin
- ☐ Aufzug
- ☐ Behindertengerecht (barrierefrei)
- ☐ Badewanne und Dusche im Bad

Infrastruktur: Entfernungen in der neuen Nachbarschaft in km

Arbeit und Ausbildung

	Wohnung 1	Wohnung 2	Wohnung 3	Wohnung 4	Wohnung 5
Arbeitsplatz 1					
Arbeitsplatz 2					
Schule					
Kindergarten					
Kita					
Pflegeheim					

Verkehrsmittel

	Wohnung 1	Wohnung 2	Wohnung 3	Wohnung 4	Wohnung 5
Bus-/Bahnhaltestelle					
Bahnhof					
Autobahnauffahrt					
Parkplätze					
Flughafen					

Einkaufen

	Wohnung 1	Wohnung 2	Wohnung 3	Wohnung 4	Wohnung 5
Einkaufszentrum					
Supermarkt					

	Wohnung 1	Wohnung 2	Wohnung 3	Wohnung 4	Wohnung 5
Metzger					
Bäcker					
Kiosk					
Restaurant, Imbiss u. Ä.					

Dienstleistungen

Post					
Bank (Bankautomat)					
Friseur					
Hausarzt					
Zahnarzt					
Krankenhaus					

Freizeit und Kultur

Spielplatz					
Park/Grünanlage					
Fitnessstudio, Schwimmbad u. Ä.					
Sportverein					
Theater, Kino u. Ä.					

Welche Wohnung soll es werden?

Bewerten Sie mit den Schulnoten 1 bis 6

	Wohnung 1	Wohnung 2	Wohnung 3	Wohnung 4	Wohnung 5
Wohnung und Gebäude					
Wohnfläche gesamt					
Anzahl Wohnräume					
Einbauküche					
Balkon/Terrasse/Garten					
Garage/Carport/Parkplatz					
Sonstige Ausstattung					
Aufzug					
Kellerabteil					
Wäschekeller					
Fahrradkeller					
Pflichten/Aufgaben durch Hausgemeinschaft					
Infrastruktur (Abgleich mit Checkliste „Infrastruktur" S. 105)					
ÖPNV (Verkehrs-anbindung)					
Freizeit- und Kultur-einrichtungen					
Schule/Kita/Pflegeheim					
Supermarkt					
Ergebnis der Bewertung (Durchschnittsnote = Summe : durch Zahl der ausgefüllten Felder)					

Kosten der Wohnung

	Wohnung 1	Wohnung 2	Wohnung 3	Wohnung 4	Wohnung 5
Miete (kalt)					
Betriebskosten					
Kaution					
Maklergebühren					
Ablöse					
Zusatzkosten (z. B. Sanierungsbedarf)					
Ranking der Wohnungen nach eigenem Wunschprofil					

Was wird der Umzug kosten?

	Kosten in Euro	Fällig am	Bezahlt
Wohnungssuche			
Anzeige in der Zeitung			
Anzeige(n) im Internet			
Maklercourtage			
Besichtigungen (Reisekosten)			
Transport des Hausstands			
Umzugsunternehmen			
Mietlaster			
Benzin Mietlaster			
Umzugskisten/Verpackungsmaterial			
Halteverbotsschilder beantragen und leihen			
Verpflegung Helfer			
Übernachtung im Hotel für die letzte/erste Nacht			
Beiladungen			
Schönheitsreparaturen (Auszug)			
Übernahme aus Checkliste S. 137			
Schönheitsreparaturen (Einzug)			
Entsorgung Sperrmüll / Sondermüll			

	Kosten in Euro	Fällig am	Bezahlt
Baumarkt (Werkzeuge, Materialien)			

Miete und Kaution

Doppelte Miete			
Differenz zwischen alter und neuer Kaution			
Evtl. Kautionsabschläge wg. Mängeln			
Abstandszahlung			

Mobiliar

Schränke/Regale			
Sofa/Sessel			
Bett(en)			
Schreibtisch(e)			
Tisch/Stühle			
Balkon-/Terrassen-/Gartenmöbel			
Gardinen mit Gardinenstangen/ Jalousien und Ähnliches			
Beleuchtung in allen Räumen			
Badeinrichtung (Duschvorhang, Spiegelschrank etc.)			
Bodenbeläge			

Küche & Co

Küchenschränke			
Herd/Backofen			

	Kosten in Euro	Fällig am	Bezahlt
Waschmaschine			
Geschirrspüler			
Kühl- und Gefrierschrank			

Ummelden und Bürokratie

Einwohnermeldeamt			
Auto ummelden (neue Kennzeichen?)			
Telefon/Internet umstellen			
Nachsendeauftrag Deutsche Post			

Sonstige (eigene)

Umzugskosten gesamt			

Vergessen Sie nicht, Ihre neue Adresse mitzuteilen

Erledigt am

Erledigt am	
________	Freunde und Familie
________	Arbeitgeber
________	Kitas/Schulen Kinder
________	Einwohnermeldeamt
________	Kfz ummelden (evtl. neues Kennzeichen)
________	Beitragsservice Rundfunk und Fernsehen
________	Bank 1: ________
________	Bank 2: ________
________	Bank 3: ________
________	Kreditkartenanbieter
________	Krankenkasse/-versicherung
________	Private Haftpflichtversicherung
________	Hausratversicherung (mit Änderungen zum Vertrag)
________	Berufsunfähigkeitsversicherung
________	Rechtsschutzversicherung
________	Kfz-Versicherung
________	Versicherung: ________
________	Versicherung: ________
________	Post (Nachsendeantrag)
________	Mobilfunkbetreiber
________	Telekom Festnetzanschluss und/oder Internet
________	Familienkasse wegen Kindergeld
________	Finanzamt
________	Hund ummelden
________	Zeitungs-/Zeitschriftenabonnements
________	Onlineregistrierungen bei Onlineshops und Ähnlichem

Bestandsaufnahme: Was haben wir eigentlich alles?

	Kommt mit		Kommt nicht mit		
	Kubikmeter	Oder: Umzugskartons	Verkaufen / verschenken	Entsorgen	Entsorgt, verkauft, verschenkt am
Garage (oder Keller)					
Fahrräder					
Motorroller					
Campingausrüstung					
Keller					
Werkbank					
Werkzeug und „Bastelkram"					
Regale					
Gefriertruhe					
Kfz-Räder/-reifen					
Angesammelter Sperrmüll					
(Flüssige) Chemikalien					
Eingelagerte Lebensmittel					
Getränkelager					
Hobbyausrüstung					

	Kommt mit		Kommt nicht mit		
	Kubikmeter	Oder: Umzugs-kartons	Verkaufen / verschenken	Entsorgen	Entsorgt, verkauft, verschenkt am
Schlafzimmer					
Kleiderschrank/ schränke					
Kleidung					
Nachttischchen					
Bett(en)					
Matratzen					
Bettwäsche					
Deckenlampe					
Nachttischlampen					
Kommode					
Bilderrahmen					
Pflanzen					
Teppich(e)					
Kinderzimmer 1					
Bett					
Matratze					
Nachttisch					
Kleiderschrank					
Kleidung					
Schreibtisch					

	Kommt mit		Kommt nicht mit		
	Kubikmeter	Oder: Umzugs-kartons	Verkaufen / verschenken	Entsorgen	Entsorgt, verkauft, verschenkt am
Schreibtischstuhl					
Deckenlampe					
Schreibtischlampe					
Teppich(e)					
Spielsachen					
Bücher/Medien					
Inhalt Schreib-tisch/Schulsachen					
Technische Geräte					
Bilderrahmen					
Pflanzen					
Sportsachen					
Kinderzimmer 2					
Bett					
Matratze					
Nachttisch					
Kleiderschrank					
Kleidung					
Schreibtisch					
Schreibtischstuhl					
Deckenlampe					
Schreibtischlampe					

	Kommt mit		Kommt nicht mit		
	Kubikmeter	Oder: Umzugs-kartons	Verkaufen / verschenken	Entsorgen	Entsorgt, verkauft, verschenkt am
Teppich(e)					
Spielsachen					
Bücher/Medien					
Inhalt Schreib-tisch/Schulsachen					
Technische Geräte					
Bilderrahmen					
Pflanzen					
Sportsachen					
Arbeitszimmer					
Schreibtisch					
Inhalt des Schreib-tisches					
Schreibtischstuhl					
Regal(e)					
Schrank					
Aktenordner/Pa-piere					
Computer					
Drucker					
Deckenlampe					
Schreibtischlampe					
Ordner					
Bilderrahmen					
Pflanzen					

	Kommt mit		Kommt nicht mit		
	Kubikmeter	Oder: Umzugs-kartons	Verkaufen / verschenken	Entsorgen	Entsorgt, verkauft, verschenkt am
Badezimmer 1					
Schrank/Regale					
Spiegelschrank					
Waschmaschine					
Trockner					
Wäschekorb					
Deckenlampe					
Hand- und Bade-tücher					
Körperpflege- und Waschmittel					
Badezimmer 2 oder WC					
(Spiegel-)Schrank					
Deckenlampe					
Regal					
Wohnzimmer					
Sofa(s)					
Sessel					
Kissen					
Wohnzimmertisch					
Sideboard/ Schrank					
Bücherregal(e)					

	Kommt mit		Kommt nicht mit		
	Kubikmeter	Oder: Umzugskartons	Verkaufen / verschenken	Entsorgen	Entsorgt, verkauft, verschenkt am
Deckenlampe					
Stehlampe(n)					
Fernseher					
Musikanlage					
Lautsprecher					
Medien (CDs und DVDs, LPs)					
Bilderrahmen					
Pflanzen					
Bücher					
Esszimmer					
Tisch					
Stühle					
Schrank/Sideboard (Anrichte)					
Deckenlampe					
Bilderrahmen					
Pflanzen					
Tischdecken, Geschirr und so weiter					
Küche					
Hängeschränke					
Stehschränke					
Unterschränke					

	Kommt mit		Kommt nicht mit		
	Kubikmeter	Oder: Umzugs-kartons	Verkaufen / verschenken	Entsorgen	Entsorgt, verkauft, verschenkt am
Tisch					
Stühle					
Herd					
Backofen					
Spüle					
Spülmaschine					
Kühlschrank					
Deckenlampe					
Geschirr und Besteck					
Küchenmaschinen					
Küchenausstattung (Töpfe, Pfannen, Siebe, Schüsseln, Tupperware etc.)					
Flur					
S(chuhs)chränke					
Garderobe					
Schirmständer					
Deckenlampe					
Bilderrahmen					
Kleidung					

	Kommt mit		Kommt nicht mit		
	Kubikmeter	Oder: Umzugs-kartons	Verkaufen / verschenken	Entsorgen	Entsorgt, verkauft, verschenkt am
Speicher/Dachboden					
Wintergarten oder Balkon/Terrasse					
Pflanzen					
Gartentisch					
Gartenstühle					
Grill m. Zubehör					
Sonnenschirm					
Gartenhäuschen					
Gartenwerkzeuge					
Rasenmäher etc.					
Blumentöpfe					
Dünger, Blumen-erde, Saatgut etc.					
Summe Umzugsgut					

Damit Sie auch nichts vergessen: Ihr Umzugs-Countdown

	Erledigt am	Notizen
3 Monate vorher		
Mietvertrag kündigen		
Mietvertrag checken: Sind Schönheitsreparaturen nötig?		
Falls ja: Wände in der alten Wohnung ausmessen		
Falls ja: Renovierungsmaterial im Baumarkt kaufen		
Alternativ: Handwerker um Angebot bitten		
Wohnung entrümpeln		
Einrichtungsgegenstände verkaufen (Kleinanzeigen)		
Kind in Kita/Schule anmelden		
Mitgliedschaften in Vereinen, der Stadtbibliothek, dem Fitnessstudio und bei ähnlichen Einrichtungen kündigen		
Urlaub beantragen		
Flohmarkttermin reservieren		
6 – 4 Wochen vor dem Umzug		
Telekommunikationsdienstleister informieren und eventuell wechseln		
Helfer im privaten Kreis ansprechen/ studentische Arbeitskräfte suchen/ Transportunternehmen um Angebote bitten		
Umzugskartons und Verpackungsmaterialien kaufen oder mieten		

	Erledigt am	Notizen
Falls Sie den Umzug selbst organisieren: Lkw/Transporter mieten		
Termin für Schlüsselübergabe neue Wohnung		
Termin für Schlüsselübergabe alte Wohnug		
Dauerauftrag für Mietzahlungen alte Wohnung stoppen		
Eventuell Hotelzimmer für letzte Nacht in der alten Wohnung beziehungsweise erste Nacht in der neuen Wohnung reservieren		
Flohmarktverkauf		
Kleinanzeigen für Verkauf schalten		

3 Wochen vor dem Umzug

Halteverbotszone beantragen		
Halteverbotsschilder organisieren		
Stromanbieter überprüfen und vergleichen, eventuell wechseln		

2 Wochen vor dem Umzug

Umzugskisten packen		
Weiter ausmisten		
Stellplan mit Steckdosen malen		
Garten für Mieterwechsel und Mietende vorbereiten		

	Erledigt am	Notizen
Kinderbetreuung für den Umzugstag organisieren		
Umzug der Haustiere organisieren		

1 Woche vor dem Umzug

Möbel abbauen		
Schlüsselübergabetermin alte Wohnung bestätigen		
Schlüsselübergabetermin neue Wohnung bestätigen		
Termin mit Handwerkern ausmachen, um die neue Wohnung gestalten zu lassen, ODER neue Wohnung selbst streichen		
Nachsendeantrag stellen		

Vier Tage vor dem Umzug

Halteverbotszone einrichten		
Persönliche Dinge packen		
Wichtige Umzugsutensilien packen		

1 – 2 Tage vor dem Umzug

Getränke für die Helfer einkaufen		
Bargeld für Verpflegung Helfer einpacken		
Eisfach/Kühlschrank vorbereiten		
Waschmaschine vorbereiten		

Umzugstag

	Erledigt am	Notizen
Umzugslastwagen abholen		
Strom-, Gas- und Wasserzählerstand in der alten Wohnung aufschreiben		
Strom-, Gas- und Wasserzählerstand in der neuen Wohnung aufschreiben		

Tag 1 – 14 in der neuen Wohnung

	Erledigt am	Notizen
Ummelden		
Auto und Motorrad ummelden		
Rundfunkbeitrag: Adresse ändern		
Banken/Versicherungen/Arbeitgeber/Schule: Adresse ändern		
Schönheitsreparaturen in alter Wohnung durchführen lassen oder selbst durchführen		
Schlüsselübergabe alte Wohnung		
Kaution anfordern (alte Wohnung)		
Neue Adresse und Telefonnummer den Freunden, Bekannten und Familienangehörigen mitteilen		
Hausratversicherung eventuell neu berechnen lassen		
Einweihungsparty planen		

Angebote von Speditionsfirmen vergleichen

	Unternehmen 1	Unternehmen 2	Unternehmen 3	Unternehmen 4
Name (Ansprechpartner)				
Angesetztes Umzugsvolumen				
Preis im Angebot				
Zusätzliche Mehrwertsteuer				
Mögliche Zusatzkosten für Material, große Gegenstände oder Außenlift				
Gebühr für Versicherung				
Kosten für An- und Abfahrt				
Summe:				
Festpreis?				
Bezahlung mit Rechnung möglich?				
Versicherung inklusive?				
Selbstbehalt bei der Versicherung? (Höhe)				
Kontaktdaten? (Mobiltelefon und E-Mail-Adresse notieren)				

Miettransporter für den Umzug vergleichen

	Angebot 1	Angebot 2	Angebot 3
Firma (Ansprechpartner)			
Stauraum			
Preis für die Miete			
Preis für den Zweitfahrer			
Preis für zusätzliche Versicherungen			
Selbstbeteiligung? Falls ja: Wie hoch?			
Preis für Benzin			
Kilometerbegrenzung	☐ Ja ☐ Nein	☐ Ja ☐ Nein	☐ Ja ☐ Nein
Mehrkosten bei zu vielen Kilometern			
Gurte, Sackkarre etc. ausleihbar	☐ Ja ☐ Nein	☐ Ja ☐ Nein	☐ Ja ☐ Nein
Zusätzliche Kosten			
Anderer Abgabeort	☐ Ja ☐ Nein	☐ Ja ☐ Nein	☐ Ja ☐ Nein
Zusätzliche Kosten			
Summe			

Haben Sie das nötige Werkzeug vorbereitet?

- ☐ Leiter
- ☐ Verlängerungskabel
- ☐ Mehrfachsteckdosen
- ☐ Hammer
- ☐ Schraubendreher Kreuz
- ☐ Schraubendreher Schlitz
- ☐ Zange
- ☐ Phasenprüfer
- ☐ Inbusschlüssel (Innensechskant) mehrere Größen
- ☐ Akkuschrauber
- ☐ Wasserwaage
- ☐ Teppichmesser
- ☐ Lüsterklemmen
- ☐ Nägel
- ☐ Dübel
- ☐ Schrauben
- ☐ Unterlegscheiben
- ☐ ______________________________
- ☐ ______________________________
- ☐ ______________________________

Haben Sie an die Helfer gedacht?

- ☐ Alle wichtigen Telefonnummern
- ☐ Information: Wer hat die Schlüssel?
- ☐ Mineralwasser, Saft etc.
- ☐ Becher
- ☐ Teller
- ☐ Besteck
- ☐ Servietten
- ☐ Essen (vorbereitet)
- ☐ Telefonnummer Lieferservice
- ☐ Auswahlkarte Lieferservice
- ☐ Kaffee (Maschine mit Kaffee und Filter, Thermoskanne)
- ☐ Tassen
- ☐ Milch
- ☐ Zucker
- ☐ Toilettenpapier
- ☐ Seife
- ☐ Handtuch
- ☐ ______________________________
- ☐ ______________________________
- ☐ ______________________________

Steuerlich absetzbare Kosten bei einem berufsbedingten Umzug

	Kosten	Überwiesen am
Wohnungsbesichtigung: Kosten für die Fahrt (30 Cent/gefahrener Kilometer oder Zug-/Flugtickets für zwei Reisen für eine Person oder eine Reise für zwei Personen)		
Maklergebühren (für Mietimmobilien)		
Doppelte Mietzahlung		
Alte Wohnung (bis zu 6 Monate)		
Neue Wohnung (bis zu 3 Monatsmieten)		
Transport Hausrat		
Reisekosten pro Familienmitglied am Umzugstag		
Herd (bis zu 230 Euro)		
Öfen (bis zu 164 Euro pro Zimmer)		
Nachhilfeunterricht		
Trinkgelder für Umzugshelfer		
Verpflegung Umzugshelfer		
Schönheitsreparaturen alte Wohnung		
Änderung von Vorhängen		
Ummelden		
Verpflegungsmehraufwendungen (max. 3 Monate)		
Summe		

Checkliste: Neuer Mietvertrag

Was im Mietvertrag stehen darf

- ☐ Name und Kontaktdaten des Vermieters
- ☐ Name/n des/der Mieter
- ☐ Adresse der Wohnung
- ☐ Miethöhe
- ☐ Gilt ab wann
- ☐ Zeitlich befristet (mit Angabe der Befristung)
- ☐ Größe der Wohnung (Wohnfläche) und Berechnungsgrundlage
- ☐ Abschläge für Heiz- und Wasserkosten sowie sonstige Betriebskosten
- ☐ Höhe der Betriebskosten
- ☐ Jährliche Abrechnung (Abrechnungsturnus)
- ☐ Heizperiode (von wann bis wann?)
- ☐ Schönheitsreparaturen (wer ist verantwortlich, bis zu welcher Höhe pro Jahr?)
- ☐ Umgang mit Mängeln
- ☐ Bauliche Veränderungen
- ☐ Einbauten
- ☐ Untervermietung
- ☐ Tierhaltung
- ☐ Umgang mit Gemeinschaftseigentum
- ☐ TV-/Radio-Empfang
- ☐ Energieausweis
- ☐ Rechte des Vermieters
- ☐ Form der ordentlichen Kündigung

Was nicht im Mietvertrag stehen darf

- ☐ Tierhaltung generell verboten
- ☐ Musizieren generell verboten
- ☐ Reparaturen generell auf Mieter verschoben
- ☐ Schönheitsreparaturen zu festen Terminen
- ☐ Schönheitsreparaturen zum Auszug

Einkaufsliste für die Renovierung

Materialien	Preis in Euro	Benötigte Menge	Kostenschätzung	Tatsächliche Kosten
Wandfarbe (Dispersionsfarbe) weiß*	3–11 €/l			
Lack für Türen und Fensterrahmen	14–28 €/l			
Heizkörperlack	12–28 €/l			
Pinsel	3–6 €/Stück			
Farbroller	3–12 €/Stück			
Lammfellrolle	6–19 €/Stück			
Abstreifgitter	2–4 €/Stück			
Abdeckfolie	0,10–0,80 €/m^2			
Malerkreppband (50 m x 50 mm)	6–8 €/Rolle			
Pinselreiniger	6–18 €/l			
Spachtelmasse/Tube	4–6 €/Tube			
Malerspachtel	4–6 €/Stück			
Einwegoverall	4–6 €/Stück			
Tapetenrollen				
Kleister und Pinsel				
Summe				

* Siehe www.test.de/thema/wandfarbe

Wie viel Wandfarbe muss ich kaufen?

Flächen in Quadratmeter*

	Wand 1	Wand 2	Wand 3	Wand 4	Wand 5	Wand 6	Summen Wandflächen	Decken-fläche**
Flur								
Treppenhaus								
Wohnzimmer								
Esszimmer								
Küche								
Gäste-WC								
Badezimmer 1								
Badezimmer 2								
Schlafzimmer								
Kinderzimmer 1								
Kinderzimmer 2								
Büro								
Abstellraum								
Summen gesamt								
Multipliziert mit der Angabe auf dem Farbeimer (l pro qm)								
Plus 20 Prozent Puffer =								

* Abzüge für Türöffnungen je 2 qm, für Fensteröffnungen nach Maß; ** Zimmerdecken werden in der Regel weiß gemalert.

Wohnungsübergabeprotokoll für den Einzug/Auszug

Besichtigungs-datum: ____________ ☐ Vor dem Einzug ☐ Vor dem Auszug

Besichtigte Woh-nung:

Straße, Hausnummer, Lage ____________

PLZ/Ort ____________

Vermieter:

Name oder Firmen-name ____________

Straße, Hausnummer ____________

PLZ/Ort ____________

Ggf. Beauftragter: Name, Firma ____________

Mieter:

Name 1. Mieter ____________

Name 2. Mieter ____________

Name 3. Mieter ____________

Derzeitige bzw. künftige Adresse

Straße, Hausnummer ____________

PLZ/Ort ____________

Weitere Teilnehmer an der Besichtigung:

Name ____________

Name ____________

Zählerstände:

Strom Zählernummer ____________ Zählerstand: ____________

Gas	Zählernummer	______	Zählerstand:	______
Warmwasser	Zählernummer	______	Zählerstand:	______
Kaltwasser	Zählernummer	______	Zählerstand:	______
Heizkostenverteiler Küche	Zählernummer	______	Zählerstand:	______
Heizkostenverteiler Bad	Zählernummer	______	Zählerstand:	______
Heizkostenverteiler Zimmer 1	Zählernummer	______	Zählerstand:	______
Heizkostenverteiler Zimmer 2	Zählernummer	______	Zählerstand:	______
Heizkostenverteiler Zimmer 3	Zählernummer	______	Zählerstand:	______
Heizkostenverteiler Zimmer 4	Zählernummer	______	Zählerstand:	______
Heizkostenverteiler Zimmer 5	Zählernummer	______	Zählerstand:	______

Der/Die Mieter bestätigt/en, die Wohnung in folgender Ausstattung übernommen/übergeben zu haben (bitte nicht Zutreffendes durchstreichen):

Der Vermieter bestätigt, die Wohnung in folgender Ausstattung übernommen/übergeben zu haben (bitte nicht Zutreffendes durchstreichen):

Küche:	☐ Einbauküche	Marke:	______	
bestehend aus	☐ Kühlschrank	☐ Geschirrspüler	☐ Spüle	☐ Mikrowelle
	☐ Gefrierschrank	☐ Elektro-/Gasherd	☐ Abzugshaube	☐ Waschmaschinenanschluss
	___ Unterschränke	___ Hängeschränke	☐ Sonstiges:	______
Badezimmer:	☐ Badewanne	☐ Duschkabine	☐ WC	
	☐ Waschmaschinenanschluss	☐ Durchlauferhitzer	☐ Sonstiges:	______
Gästebad:	☐ Duschkabine	☐ WC	☐ Durchlauferhitzer	
			☐ Sonstiges:	______
Flur:	☐ Gegensprechanlage mit Türöffner			

In bzw. an folgenden Räumen befindet sich

☐ Parkett: ____________________ ☐ Laminat: ____________________

☐ Jalousie: ____________________ ☐ Deckenbeleuchtung: ____________________

☐ Terrasse: ____________________ ☐ Garten: ____________________

☐ Fliesen: ____________________ ☐ Balkon: ____________________

☐ Die Wohnung wird in vollständig renoviertem Zustand übergeben.
Die letzte vollständige Renovierung erfolgte am: __________

☐ Die Wohnung wird unrenoviert übergeben.

Bei der Wohnungsbesichtigung am __________ (Datum) wurden

☐ keine Mängel festgestellt.

☐ folgende Mängel festgestellt:

Raum	in Ordnung	Mängel	Bemerkung
1. Schlafzimmer	☐		
2. Kinderzimmer	☐		
3. Arbeitszimmer	☐		
4. Wohnzimmer	☐		
5. Diele/Flur	☐		
6. Küche	☐		
7. Bad/WC	☐		
8. Gäste-WC	☐		
9. Weitere Räume	☐		
10. Balkon/Terrasse	☐		
11. Garten	☐		
12. Keller Nr.:	☐		
13. Garage	☐		

Es wurden ______ Wohnungsschlüssel ______ Hausschlüssel

______ Briefkastenschlüssel ______ Zentralschlüssel

______ Garagenschlüssel ______ Kellerschlüssel

übergeben.

Es fehlen noch folgende Schlüssel: ______

Diese werden spätestens bis zum ______ von ______ nachgereicht.

Bemerkungen – Sonstiges:

______

______

______

Anlagen:

☐ Fotos der Wohnung vom Aufnahmedatum: ______

Vermieter und Mieter bestätigen durch ihre Unterschrift die Richtigkeit des Übergabeprotokolls. Dies betrifft auch die Vollständigkeit der getroffenen Feststellungen.

Datum ______

Vermieter ______

1. Mieter ______

2. Mieter ______

Zeuge(n): ______

Ihr Fahrplan in das neue Zuhause!

Organisieren Sie den Umzug so, dass Sie nie unter Zeitdruck kommen: Nützliche Checklisten helfen Ihnen, in jedem Stadium den Überblick zu bewahren.

Soll ich den Umzug selbst machen oder den Profis überlassen? Und welche Fristen muss ich beim Wohnungswechsel unbedingt beachten? Dieses Buch unterstützt Sie Schritt für Schritt dabei, den Umzug souverän, nervenschonend und kostengünstig zu organisieren.

Dazu finden Sie wichtige Checklisten, die Ihnen helfen, alle entscheidenden Aufgaben rechtzeitig anzugehen und abzuhaken.

- **Einführender Kurzratgeber:** Antworten auf die 15 wichtigsten Fragen rund um das Thema Umzug
- **Keinen Termin verpassen:** Die Stationen unseres Fahrplans helfen Ihnen dabei, in jeder Umzugsphase den Überblick zu behalten.
- **Tipps für den Umzug:** Von der Entscheidung für eine neue Wohnung über den Umgang mit Dienstleistern bis zum Wohnungsübergabeprotokoll.
- **Alle Checklisten** zum Heraustrennen und zusätzlich zum Herunterladen im Internet

Stiftung Warentest
www.test.de
14,90 €
ISBN 978-3-7471-0049-3
9 783747 100493